Pamphlet, documenti, storie

REVERSE

Soci: Gruppo editoriale Mauri Spagnol S.p.A.
Lorenzo Fazio (direttore editoriale)
Sandro Parenzo
Guido Roberto Vitale (con Paolonia Immobiliare S.p.A.)
Sede: corso Sempione, 2 – Milano

ISBN 978-88-3296-064-8

Prima edizione: giugno 2018

www.chiarelettere.it
BLOG / INTERVISTE / LIBRI IN USCITA

Francesco Viviano
Alessandra Ziniti

Non lasciamoli soli

chiarelettere

Sommario

Una macchia per l'Europa

di Giusi Nicolini

Una paura radicata e alimentata dai media

Fino al 2014 Lampedusa è stata l'unico approdo di quasi tutti i disperati in fuga dall'Africa ed è per questo che il racconto qui contenuto riguarda molto da vicino la mia isola, e quindi la mia vita e ciò che la mia comunità ha vissuto per lungo tempo nell'indifferenza generale. Dato, però, che Lampedusa, anche nella sua storia più antica, è sempre stata una tappa sulla rotta migratoria per chi cercava di salvarsi e riprendere le forze e continuare il cammino, questo racconto riguarda tutti, tutti gli abitanti del continente Europa. Sebbene Lampedusa sia molto più vicina all'Africa che alla Sicilia, le persone soccorse a sud dell'isola sbarcano infatti in Europa.

Purtroppo, però, non molti hanno voluto conoscere in profondità, al di là delle visioni stereotipate, chi ci fosse su quei barconi stracolmi di sofferenza e dolore, per capire da dove venissero queste persone e dove volessero andare a cercare una minima possibilità di futuro per sé e per la propria famiglia. È stato come se le migrazioni forzate degli ultimi vent'anni avessero riguardato figurine di cartone, prive di nomi, di affetti, di sogni, senza età, senza identità, se non quella relativa all'etichetta della nazionalità.

Il marchio che li accomuna è uno solo: clandestino, cioè illegale. In più, il susseguirsi degli attentati terroristici negli ultimi anni ha aggravato il clima di paura in tutta Europa, esasperando il tema della sicurezza al di là di ogni razionalità, con la conseguenza che tutto quello che avviene prima degli sbarchi, dunque le cause delle migrazioni forzate, viene tralasciato.

D'altra parte, per tantissimo tempo i media hanno raccontato gli immigrati attraverso il conto degli sbarchi, utilizzando le immagini dei barconi stracarichi di «merce umana» per aumentare l'audience e far crescere la paura dell'invasione. Sotterrando, sotto il tappeto di questa retorica dominante, i nomi di coloro che sbarcavano alla fine di viaggi terribili, dopo fughe, prigionie, stupri, torture, naufragi e tante morti ingiuste, in un lungo processo di disumanizzazione che ha favorito la diffusione di un sentimento di allarme, alimentando una macchina dell'odio che oggi sembra inestirpabile perché per troppo tempo incontrastata.

È evidente che le forme, le parole e le immagini con cui l'informazione di massa (non solo in Italia) ha raccontato le migrazioni forzate hanno avuto un ruolo determinante nella propaganda xenofoba, ancora prima dell'influenza dei social.

Ciò, ovviamente, non diminuisce le gravissime responsabilità della politica, di quei partiti che hanno usato la paura per accrescere i propri consensi e anche di quelli che hanno abdicato al compito di governare il fenomeno delle migrazioni e il relativo impatto con responsabilità e lungimiranza. E così la percezione di un'invasione in corso è stata alimentata dalla gestione emergenziale degli sbarchi e della prima accoglienza, dall'insufficienza e dalla scarsa incisività delle politiche di inclusione, dalla solitudine a cui sono stati abbandonati interi territori lungo la linea di confine (e non solo), dal malaffare che è stato favorito dalle procedure di urgenza, dalla difficoltà di approntare regolari controlli amministrativi.

Sui morti, poi, ha per lungo tempo aleggiato una sorta di tabù: spesso non si contavano neppure, non si riportava il loro numero accanto a quello dei vivi, non si riferiva nulla dei cadaveri recuperati e della destinazione finale di queste persone. Una situazione insostenibile cui nei miei anni da sindaca ho cercato di ribellarmi, perché quei corpi senza nome e senza lacrime versate erano la prova di un processo di disumanizzazione da constrastare in ogni modo. Ancora mi capita, durante le mie attività di divulgazione, di stupirmi dell'incredulità di chi scopre per la prima volta ciò che avviene in mare, e prima del mare nei campi di prigionia della Libia, e prima della Libia lungo i viaggi nel deserto.

Parallelamente, sono stati ignorati sia la fatica di una piccola isola come Lampedusa e di tanti altri territori preposti alla seconda accoglienza, sia, forse ancor di più, il sacrificio degli uomini della guardia costiera del nostro paese, impegnati notte e giorno nei soccorsi in mare fino a centoquaranta miglia dalle coste di Lampedusa e a poche decine di miglia dalle coste della Libia, esattamente come nelle operazioni di soccorso effettuate dalle campagne di mobilitazione e denuncia delle organizzazioni umanitarie, che sono accorse a portare aiuto quando l'Europa ha deciso di voltarsi dall'altra parte.

Il violentissimo attacco sferrato contro le unità di soccorso delle ong (Medici senza frontiere, Sos Méditerranée, Sea-Watch ecc.) è stato possibile soltanto perché l'opinione pubblica non era – e ancora, purtroppo, non è – sufficientemente allertata sulle dinamiche effettive dei soccorsi, su ciò che concretamente accade nel Mediterraneo ormai da decenni, oltre che sull'impianto normativo che fonda diritti e doveri in mare.

L'attacco contro le ong e il business dei trafficanti

Fermiamoci un attimo a considerare le proporzioni paradossali di questo attacco incrociato (politico, giudiziario, giornalistico) contro le operazioni di soccorso in mare e, soprattutto, contro le ong che dopo la chiusura dell'operazione *Mare nostrum* avevano rinforzato la loro presenza a sud di Lampedusa: per colmare il vuoto determinato in sede europea, per cercare di ridurre il sacrificio di vite umane innocenti, per contribuire a sensibilizzare l'opinione pubblica sulla necessità e sull'urgenza di canali di ingresso legali e sicuri per i rifugiati, e per sostenere l'opera dell'Italia, lasciata sola a fermare le stragi in mare.

L'atto di accusa contro le ong si poggia sostanzialmente sull'assunto che i soccorsi in mare determinerebbero un effetto di attrazione nei confronti dei disperati in fuga da guerre, persecuzioni e miseria e, di conseguenza, aiuterebbero la criminalità organizzata ad alimentare il traffico di merce umana. E ciò in quanto i mezzi delle ong si sono spinti sempre più vicino alle coste libiche nella ricerca dei naufraghi e nel tentativo di prevenire tragedie. Lo slogan «taxi del mare», coniato all'inizio del 2017, rivela quanta malignità ci sia riguardo alle attività di soccorso marittimo, sdoganando un'accusa grave, fino a quel momento sostenuta solo dalle destre più ciniche e retrive: quella che il soccorso favorisse il business dei trafficanti, invece di rispondere alla più antica legge del mare.

L'attuale traffico internazionale di merce umana, a differenza del commercio di schiavi del passato, è governato da logiche criminali che non prevedono affatto la salvezza alla fine del viaggio. Le donne, i bambini, le persone in carne e ossa di cui si racconta in questo libro non devono necessariamente arrivare a destinazione per sostanziare il business: pagano alla partenza, e dal barcone possono anche essere lanciati in acqua per alleggerire il carico o evitare ogni possibile inconveniente a bordo.

Spingersi fino a quaranta miglia dalle coste libiche per soccorrere naufraghi e recuperare cadaveri è esattamente ciò che le motovedette della guardia costiera di Lampedusa hanno sempre fatto per lunghi anni, in estate e in inverno, anche in condizioni meteomarine proibitive, fino all'avvio di *Mare nostrum*, la prima operazione dichiaratamente umanitaria avviata dal governo Letta all'indomani del grande naufragio di Lampedusa del 3 ottobre 2013.

Cosa avveniva, infatti, nell'era precedente a *Mare nostrum*? Dai barconi in difficoltà si lanciava l'allarme, sia rivolgendosi direttamente alle autorità di soccorso, sia attraverso i familiari. L'unità operativa della guardia costiera di Roma avviava la ricerca del mezzo e le motovedette di Lampedusa si lanciavano all'individuazione del bersaglio, che poteva avvenire anche dopo diverse ore di navigazione, quando le persone erano già finite in mare. Venivano recuperati uomini, donne, bambini ancora sul barcone, con l'acqua fino alle ginocchia, stremati dal freddo e dal terrore; oppure, se il barcone era già andato a fondo, iniziava la ricerca in mare aperto di chi fosse riuscito ad aggrapparsi a un qualsiasi oggetto galleggiante.

In questi casi, le motovedette conducevano sull'isola anche i corpi degli annegati, almeno quelli che era possibile recuperare in fretta, perché la priorità, ovviamente, ce l'hanno i vivi. Bisognava, cioè, trovare chi ancora non era morto e cercare di portare a terra prima possibile i naufraghi, che altrimenti sarebbero morti di freddo o per altre innumerevoli criticità. La somma dei salvati e dei corpi non era – e non è e non sarà – mai coincidente con il numero delle persone salite a bordo dei barconi, come riferito dai superstiti, e a mancare all'appello ci sono sempre donne e bambini.

In quegli anni di solitudine per l'isola e per la guardia costiera, in tanti cercavamo di denunciare questo stato di cose, invocando, oltre alla istituzione di canali d'ingresso sicuri e legali, un potenziamento di mezzi e uomini nel soccorso in mare. La stessa guardia costiera proponeva che ci fossero mezzi navali, a sud di Lampedusa, che supportassero l'attività delle motovedette di stanza sull'isola per agevolare il monitoraggio, per portare il soccorso in tempi più ragionevoli a chi stava annegando, per condurvi i superstiti che avessero urgenza di un riparo, ma anche in vista delle frequenti occasioni in cui i soccorsi si susseguivano per ventiquattro o quarantotto ore consecutive (cosa che solitamente avviene quando il bel tempo arriva dopo diversi giorni di tempesta). In evenienze di questo genere, poiché ogni unità può imbarcare poco più di un centinaio di persone, la guardia costiera doveva riportare i salvati sull'isola e ritornare immediatamente sui bersagli da soccorrere, che raggiungeva però diverse ore dopo, rischiando così di vanificare l'operazione di soccorso; inoltre, in casi come quello era impossibile sostituire gli equipaggi e, di conseguenza, gli operatori stanchi e assonnati venivano sfruttati al massimo della resistenza, mettendo a repentaglio la loro stessa vita.

Perché il corpo della guardia costiera italiana non abbia mai denunciato questo stato di cose, reclamando a gran voce aiuti e potenziamenti, rimarrà per me un mistero: durante gli anni della mia sindacatura non ho mai tralasciato di raccontare l'immane fatica degli equipaggi delle motovedette. In quegli anni, a supporto della solitaria e incessante azione della guardia costiera, esistevano soltanto le ong, le cui imbarcazioni aiutavano spesso i barconi in difficoltà in attesa dell'arrivo delle motovedette, fornendo acqua e viveri, salvagenti, e approntando le prime cure mediche.

Si è dovuto aspettare il grande naufragio degli eritrei del 3 ottobre 2013 per comprendere che la guardia costiera di Lampedusa non poteva da sola affrontare la situazione. Con l'avvio di *Mare nostrum*, le unità navali della marina militare hanno presidiato il Mediterraneo, effettuando i soccorsi in tempi più rapidi e impiegando le motovedette della guardia costiera sia per facilitare i soccorsi sia per effettuare trasbordi dai barconi sulle navi e, al termine delle operazioni, per portare a Lampedusa (il porto sicuro più vicino) tutti coloro che avevano bisogno di cure immediate, le donne (spesso gravide), i bambini, i feriti. Prima, invece, la stragrande maggioranza delle persone soccorse veniva condotta dalla marina militare nei porti della Sicilia, talvolta in Calabria o in Puglia e anche in Sardegna.

Lampedusa aveva appena cominciato a condividere con altre comunità l'esperienza durissima degli sbarchi, della prima accoglienza, dei cadaveri da seppellire, quando il malumore verso *Mare nostrum* si trasformò velocemente in aggressione. A *Mare nostrum* è stato rimproverato il costo elevato (se i mezzi militari in tempo di pace vengono impiegati a fini umanitari, invece che per mantenere il controllo di territori e materie prime, i costi sembrano insostenibili) ma soprattutto di favorire l'invasione: alla fine del 2014, infatti, le persone sbarcate in Italia (e quindi in Europa) erano diventate 170.000, dai 43.000 arrivi via mare del 2013.

Una macchia per tutta l'Europa

Sarebbe stato doveroso interrogarsi su ciò che sta succedendo in Africa e in Libia e, anzi, cominciare a riflettere seriamente su cosa accadrà nei decenni a venire con gli effetti dei cambiamenti climatici; combattere la tratta di esseri umani anche e soprattutto con l'apertura di canali di ingresso legali e sicuri per i rifugiati; riconoscere che le politiche di chiusura non servono a proteggere i confini dagli ingressi, ma a condannare a morte migliaia di persone l'anno; costringere l'Europa intera a riconoscere che trentamila morti in quindici anni sono una strage e una macchia indelebile per tutti noi; rivoluzionare l'approccio nell'accoglienza, innanzitutto a casa nostra e poi in sede europea; estendere, potenziare e coordinare le politiche di cooperazione e sviluppo; chiedere la presa in carico, da parte della comunità internazionale, di tutti i campi profughi africani, al fine di proteggere le persone là dove, come in Libia, i diritti umani vengono crudelmente violati, e sostenere invece quei paesi poverissimi ma virtuosissimi come l'Uganda, che accoglie un milione e mezzo di rifugiati sud-sudanesi. Si è invece preferito criminalizzare prima *Mare nostrum*, in modo da ottenerne la chiusura, e poi le ong (che a un certo punto erano diventate l'unico ostacolo alla legittimazione dei «respingimenti» in mare, effettuati con la consegna dei naufraghi alle motovedette della Libia), nell'ottica di esternalizzare le frontiere anche nell'area sudmediterranea, in linea con quanto già fatto sui Balcani, dopo l'accordo con la Turchia.

Ciò che trovo grave e imperdonabile nella persecuzione e nel contrasto dell'attività di soccorso delle ong è il messaggio trasmesso ai giovani, che invece dovrebbero essere sensibilizzati alla cultura della sacralità della vita e dei diritti, dei valori del volontariato, della cittadinanza attiva, della pratica del principio di solidarietà, necessaria a costruire legami e ad abbattere barriere di ogni genere.

È spaventosa la velocità con cui è avanzata la barbarie in questi anni: ricordiamo la durissima omelia pronunciata da papa Bergoglio a Lampedusa l'8 luglio 2013 e lo sdegno collettivo davanti alle 366 bare del 3 ottobre dello stesso anno, cui fece seguito, come ricordato, l'avvio dell'operazione umanitaria *Mare nostrum* poi soppressa sotto il fuoco incrociato delle opposizioni interne e dell'Europa. Da quel momento abbiamo assistito all'irrigidimento progressivo della fortezza Europa e al sostanziale fallimento del piano di ricollocamento dei rifugiati in proporzione alla capacità di accoglienza di ciascun paese: piano rimasto tuttora in grande parte inattuato, non solo per la ferma opposizione dei paesi dell'Est Europa.

Intanto, con l'imposizione degli hotspot a Italia e Grecia, si è reso effettivo il principio stabilito dal Regolamento di Dublino, in base al quale tutti coloro che sono sbarcati dal 2015 non possono più raggiungere nessun altro paese dell'Europa. Per il nostro paese l'hotspot è stato un punto di crisi inevitabile, perché sono diventati massivi i «respingimenti» verso l'Italia di tutti coloro che cercano di raggiungere altri stati europei attraversando le Alpi. Dimenticati in fretta la foto del piccolo Aylan morto sulla spiaggia e il coraggio di Angela Merkel nell'aprire le porte del suo paese a oltre un milione di siriani, ora si respinge senza vergogna: meglio non conoscere nomi, età, storie, non guardare negli occhi i respinti che si dichiara di voler aiutare «a casa loro» o, al massimo, nei campi-lager della Libia.

Nel tempo di Trump e dei populismi più feroci, della crisi epocale della sinistra e dei valori di riferimento, dello smarrimento generato dai cambiamenti indotti dalla globalizzazione e di fronte alla complessità delle sfide che i paesi più ricchi del pianeta non sanno o non vogliono raccogliere, quello che noi possiamo fare è costringere le persone, ogni persona, a guardare in faccia i respinti. Nominandoli, raccontando i loro sogni insieme alla loro sofferenza, schierandoci dalla parte dei diritti e della vita, prestando la nostra voce a chi non ce l'ha più. Costruendo umanità a poco a poco e contaminando le esperienze.

L'«invasione perfetta» di Lampedusa

Sono sicura che questa è la strada per restare umani, perché è quella percorsa dalla mia isola, che è stata capace di accogliere senza spopolarsi, anzi aumentando le presenze turistiche, dopo essere stata per tanto tempo vittima della speculazione politica e del pregiudizio pubblico. Nel 2011 Lampedusa è stata utilizzata dalla Lega come teatro di quella che si può definire l'«invasione perfetta», perché il governo Berlusconi vi lasciò per ben due mesi, come in una prigione a cielo aperto, un numero di ragazzi tunisini ancor più grande della popolazione residente sull'isola. L'operazione era pensata per mostrare al resto del paese come si trasformano i territori invasi dai migranti. Lo ripeto sempre, a rischio di diventare noiosa: se Lampedusa è stata un laboratorio per xenofobi e nuovi fascismi, a maggior ragione deve esserlo per chi vuole capire i meccanismi perversi da smantellare per uscire dal tunnel e ricominciare a sperare.

Lampedusa, nel 2009, è stata anche laboratorio dei «respingimenti» in mare. Il circolo di Legambiente di cui sono stata responsabile per tanto tempo dall'aprile di quell'anno porta il nome di Esther Ada, la giovanissima ragazza nigeriana che, diversamente da suo fratello e da tutti gli altri compagni di viaggio recuperati in mare dal mercantile turco *Pinar*, non riuscì a salvarsi. Tirata a bordo già morta, il suo corpo avvolto da una coperta rimase sul mercantile per cinque lunghi giorni, insieme a tutti gli altri superstiti, perché la *Pinar* veniva respinta da tutti i porti d'Italia, oltre che da Malta. L'ordine era di riportare in Libia quel carico. La tenacia del valoroso comandante turco, che alla fine decise di rimanere fermo al largo di Lampedusa, e il blitz giornalistico di Francesco Viviano a bordo della *Pinar*, con la conseguente diffusione delle immagini di quello strazio, costrinsero il governo Berlusconi ad autorizzare l'attracco a Lampedusa, dove si celebrò un funerale e dove Esther fu sepolta.

Ero quasi a fine mandato quando da sindaca, l'anno scorso, ho condotto su quella tomba Matteo Salvini il quale, anziché entrare nel merito della tragedia, ha preferito scandalizzarsi per un gruppo di ragazzini che giocavano a pallone nel campetto dove Bergoglio aveva denunciato la «globalizzazione dell'indifferenza» (e dove oggi c'è il primo vero campo sportivo di Lampedusa, realizzato dalla Lega calcio di serie B come gesto concreto di solidarietà verso i ragazzi che vivono sull'isola o che vi sbarcano).

Era comunque un segno: da giugno 2017 io non sono più sindaca e il 4 marzo 2018, per la prima volta nella storia, la Lega ha fatto il boom di voti anche a Lampedusa.

Ma nessuno mi convince che sia stato uno sbaglio trasformare la porta dell'inferno nella porta d'Europa, avere rispetto dei vivi e dei morti, rappresentare degnamente quella Lampedusa che si è accesa come un faro nel buio pesto di questo presente. Sono testardamente convinta, conoscendo uno a uno gli elettori e gli interessi in gioco, che le elezioni, nei piccoli territori, non si vincono e non si perdono sui temi dell'immigrazione e dell'accoglienza.

Ma c'è di più: sono testardamente convinta che se non si trova il coraggio di investire a medio e lungo termine nell'accoglienza e nell'inclusione, nella cultura e nella pratica della solidarietà, nell'importanza dell'etica della responsabilità, non sarà mai possibile eliminare dallo scontro politico nazionale il tema più facilmente strumentalizzato dai populismi di tutti i tempi e di ogni luogo. Il nodo dell'immigrazione continuerà comunque ad agitare la sfera dell'irrazionale negli anni a venire, dato che i movimenti migratori forzati cresceranno più in fretta del buon senso dei paesi ricchi, che infatti non solo continuano a costruire muri, ma non mostrano alcuna intenzione reale di «aiutarli a casa loro», anzi, non mostrano di avere neppure compreso che la fortissima interdipendenza accentuata dalla globalizzazione richiede uno sforzo esattamente opposto alle azioni dissennate attuate con l'uscita di Trump dall'accordo di Parigi o, in Europa, con la Brexit e la rinascita delle pulsioni nazionaliste.

Questo significa che nessuno può chiamarsi fuori dal compito di rigenerare il senso di umanità che sembra perduto e di risvegliare la ragione sopita (che poi è la stessa cosa). Nell'ultimo rapporto Oxfam sono stati pubblicati dati sconcertanti sulla crescita dei divari e delle diseguaglianze nel mondo e all'interno dei singoli paesi. Come si può continuare a combattere la solidarietà invece che la povertà, se l'un per cento più ricco della popolazione mondiale ha beneficiato dell'82 per cento dell'incremento della ricchezza globale registrata nel 2017, mentre il 50 per cento più povero della popolazione mondiale non ha beneficiato di nessun incremento?

In *Stranieri alle porte* di Zygmunt Bauman si legge: «Noi siamo un solo pianeta, una sola umanità. Quali che siano gli ostacoli, e quale che sia la loro apparente enormità, la conoscenza reciproca e la fusione di orizzonti rimangono la via maestra per arrivare alla convivenza pacifica e vantaggiosa per tutti, collaborativa e solidale. Non ci sono alternative praticabili. La "crisi migratoria" ci rivela l'attuale stato del mondo, il destino che abbiamo in comune».

Ecco: il presente volume serve proprio a questo. A costruire conoscenze e consapevolezze che facciano indignare sempre più persone per la sorte riservata a coloro che fuggono da guerre, persecuzioni e miserie. Costretti a divenire merce nelle mani dei criminali e condannati a morire in mare o a essere salvati, solo per essere riconsegnati ai libici e ricondotti nelle prigioni in cui le donne vengono stuprate e gli uomini torturati o venduti all'asta come schiavi.

Tutto questo deve avere fine, al più presto.

NON LASCIAMOLI SOLI

Prologo
I nuovi schiavi e l'umanità perduta

Prigionieri e schiavi

Torturati nel fisico e annientati nella mente. In trappola. Sepolti vivi e dimenticati in quell'enorme buco nero in cui si è trasformata la Libia dopo gli accordi dell'estate 2017 tra il governo italiano e quello traballante e assai ben poco rappresentativo di al-Sarraj.

«Meglio morire in mare che rimanere in Libia» è la frase che migliaia di volte si sono sentiti ripetere i volontari delle organizzazioni umanitarie che si sono spesi, tra mille polemiche e un pesantissimo gioco di fuoco incrociato, per supplire alle carenze del soccorso marittimo europeo dopo la fine della missione *Mare nostrum*. Ed è una frase che da sola spiega ciò che da tanti, troppi anni è sotto gli occhi di tutti, anche se in molti si affannano a negarlo per giustificare politiche di «respingimento» più o meno esplicite: e cioè che nessun accordo e nessun muro potrà arrestare il flusso migratorio epocale di questi ultimi anni, le cui radici affondano nelle drammatiche condizioni di vita di buona parte dei paesi dell'Africa, divenuta una bomba a orologeria oltre che un nuovo campo di semina della jihad.

Tornare indietro nel lungo e rischiosissimo viaggio attraverso il deserto non è possibile per la maggior parte degli uomini, delle donne e delle ormai decine di migliaia di bambini e ragazzini soli, perseguitati nei loro paesi o senza più famiglia. La disumana trappola in cui la Libia si è trasformata, regno degli spietati trafficanti di uomini che sulla pelle dei migranti hanno costruito un business ben più lucroso delle armi e della droga, è la miccia che fa detonare una disperazione assoluta, che rende preferibile annegare nel Mediterraneo su gommoni sgonfi già alla partenza piuttosto che rimanere a terra, nei centri di detenzione o là dove la criminalità sfrutta la manodopera come al tempo del mercato degli schiavi, quando i possenti «neri» d'Africa venivano imbarcati verso le piantagioni d'oltreoceano.

Chi è fuggito da guerre civili e persecuzioni, chi ha subito per mesi torture quotidiane, vessazioni e ricatti nelle prigioni libiche, dopo che la famiglia d'origine ha dovuto pagare cifre ingenti per la sua liberazione, non rinuncerà di certo ad affrontare l'ultima tappa del lungo viaggio verso l'Europa. Se non partirà oggi – fermato dagli accordi di governo che hanno portato una pioggia di milioni di euro nelle casse di sindaci e tribù locali, in regioni dove è ardua impresa distinguere tra trafficanti e guardie costiere, tra criminali e amministratori – partirà domani, quando i soldi saranno finiti e le organizzazioni che gestiscono i flussi, cercando di ottenere altro denaro, riprenderanno a inviare barconi e gommoni per fare pressioni sull'Italia e sull'Europa. Si faceva così ai tempi di Gheddafi, si fa così anche oggi che la diminuzione degli sbarchi, assolutamente ragguardevole negli ultimi mesi, viene sbandierata come il risultato di una soluzione semistrutturale.

180.000 arrivi nel 2016, 119.000 un anno dopo, con una flessione del 35 per cento che oggi arriva addirittura al 70, considerata la diminuzione degli arrivi nel primo bimestre del 2018 e il loro quasi azzeramento nelle settimane prima del voto. Questo il risultato della strategia del ministro dell'Interno Marco Minniti, che ha raccolto ampi consensi anche nel centrodestra e ha ricevuto il plauso di quell'Europa che si è sempre voltata dall'altra parte (e continua a farlo) rifiutandosi di farsi carico di un problema che per troppo tempo è ricaduto interamente sulle spalle dell'Italia.

Sì, ma a che prezzo? È questa la domanda ineludibile per la coscienza di un'Europa civile, la cui responsabilità viene ogni giorno evocata dalle terribili storie di chi è riuscito a fuggire dall'inferno libico, dalle immagini di un orrore così forte che è impossibile distogliere lo sguardo. Il recente reportage della Cnn sulle «aste di migranti» in Libia ha avuto il grande merito di riaccendere in tutto il mondo i riflettori sul dramma di centinaia di migliaia di persone intrappolate dall'altra parte del Mediterraneo e ridotte in stato di schiavitù.

Le ong costrette a ritirarsi

Aiutarli a casa loro, accoglierli tutti, rispedire indietro chi non ha diritto allo status di rifugiato, chiudere la porta solo ai migranti economici, integrarli con un modello di accoglienza diffusa e distribuirli equamente negli altri paesi europei. Di ricette per affrontare il nodo immigrazione possono essercene decine, ma sono due i principi sui quali non si può transigere: solidarietà e umanità. Questi due capisaldi, a partire dalla metà del 2015, hanno spinto varie organizzazioni umanitarie a cimentarsi in una missione nuova: dotarsi di una nave, assemblare equipaggi di professionisti e volontari e scendere in mare per salvare migliaia di bambini, donne e uomini, di fronte a un numero di morti intollerabile. Lo hanno fatto ong strutturate come Medici senza frontiere o Save the Children, altre sono nate in quei mesi a Malta così come in Spagna e in Germania, arrivando a schierare una flotta di ben nove imbarcazioni che per più di un anno hanno costituito la punta avanzata dell'asset dei soccorsi, sempre coordinato dalla sala operativa della guardia costiera italiana.

Fino a quando, proprio su quei soccorritori che anche a rischio della propria vita si erano presi carico di un compito di pertinenza europea, è stato aperto un fuoco più o meno amico. L'accusa loro rivolta è di costituire un *pull factor*, un fattore di attrazione in grado di calamitare i gommoni e i barconi del Mediterraneo, per garantire il salvataggio subito fuori dalle acque territoriali libiche: con l'aggravante di favorire i trafficanti, essendo le ong disponibili a ricevere quasi «a domicilio» i migranti da soccorrere e a consentire agli scafisti di riportare indietro le imbarcazioni su cui faranno partire altre persone. Dietro alle ong ci sarebbero anche finanziamenti poco trasparenti per missioni con obiettivi non sempre in linea con gli scopi umanitari dichiarati. Tutte ipotesi di reato lanciate da due inchieste, aperte dalle procure di Catania e Trapani, che non hanno fin qui portato alla luce alcuna prova, e che nulla hanno prodotto se non un lacerante dibattito politico, con tanto di commissioni parlamentari d'inchiesta, finito al centro di una campagna elettorale senza esclusione di colpi fomentando pericolosissimi rigurgiti di odio razziale.

Sospetti, accuse, sconcerto e disorientamento hanno avvelenato il clima attorno all'attività delle ong, dividendo l'opinione pubblica. A giugno del 2017 la decisione del Viminale di imporre un codice di autoregolamentazione alle navi umanitarie operanti nel Mediterraneo ha finito per restringere ancora di più una strada già impervia, dettando regole che mai avrebbero potuto scavalcare il diritto internazionale e quello della navigazione, imponendo condizioni incompatibili con la stessa missione di una ong come la presenza di polizia a bordo delle navi, minacciando la chiusura dei porti italiani e arrivando a ipotizzare che i migranti salvati potessero essere portati anche in approdi non proprio «sicuri», come invece previsto dalle convenzioni internazionali.

Il risultato è sotto gli occhi di tutti. Le ong, pur recalcitranti, una dopo l'altra (tranne Msf) hanno finito con il firmare il codice ma poi hanno abbandonato il Mediterraneo e fermato le navi nei porti. Troppi i rischi per la sicurezza degli equipaggi, più volte fatti oggetto di aggressioni armate proprio da parte della guardia costiera libica, che nel frattempo l'Italia ha deciso di addestrare, finanziare e dotare di motovedette. Inaccettabile l'idea di soccorrere migranti in mare e poi consegnarli ai libici perché li riportino all'inferno, insopportabili i ripetuti episodi in cui i volontari delle ong, arrivati a pochi metri da imbarcazioni che stavano per naufragare, hanno dovuto interrompere le operazioni e lasciare campo libero ai libici i quali, per inadeguatezza o per cinismo, hanno spesso provocato vittime durante i soccorsi. E troppo pochi ormai i fondi a disposizione per le missioni, a causa del crollo delle donazioni; le organizzazioni umanitarie hanno pagato caro lo scotto di una campagna che, lungi dal provare condotte illegali od obiettivi poco trasparenti, ha finito con il privare di aiuti milioni di persone in teatri di guerra che nulla hanno a che fare con i flussi migratori nel Mediterraneo.

Alla fine, in mare, sono rimasti in tre: Sos Méditerranée con la nave *Aquarius* e a bordo il team medico di Msf, gli spagnoli della Proactiva Open Arms e i tedeschi di Sea-Watch. Questo, almeno, fino a marzo di quest'anno, quando un nuovo blitz del procuratore di Catania Carmelo Zuccaro ha messo fuori gioco per un mese la nave di Open Arms sequestrata nel porto di Pozzallo dopo un soccorso conteso con una motovedetta libica. Un «incidente» che, oltre a rilanciare le polemiche sull'operato delle ong, ha segnato una svolta nella strategia italiana, con l'inedita legittimazione della Libia nel ruolo di coordinamento, pur in assenza di una zona Sar (ossia di ricerca e soccorso) riconosciuta secondo le regole del diritto internazionale.

Il 15 marzo, in una giornata di avvistamenti multipli di gommoni in difficoltà, la sala operativa della guardia costiera italiana, che prima aveva autorizzato gli spagnoli della Proactiva a intervenire, li ha poi invitati a sospendere le operazioni e a obbedire alle indicazioni della guardia costiera libica che, peraltro sotto la minaccia delle armi, pretendeva la consegna delle donne e dei bambini già messi in salvo sulle lance della nave umanitaria. Prima il rifiuto, poi la mancata richiesta di autorizzazione all'attracco a Malta, luogo più vicino, hanno dato vita a un nuovo braccio di ferro con l'Italia che, dopo essersi a lungo rifiutata, ha infine autorizzato l'approdo della nave di Open Arms in un porto siciliano.

Quarantotto ore di «passione» in mare, con duecento persone a bordo, che sono valse al comandante e ai responsabili della ong spagnola una imputazione di associazione per delinquere finalizzata al favoreggiamento dell'immigrazione clandestina e il sequestro della nave con la motivazione – da parte della procura distrettuale di Catania – che la condotta della Proactiva era la dimostrazione della deliberata volontà di sbarcare quei migranti per forza in Italia.

Alla fine, mentre da un capo all'altro dell'Europa partiva una campagna a fianco della Proactiva al grido di «La solidarietà non è un reato», l'accusa di associazione per delinquere è caduta, l'inchiesta è tornata al suo giudice naturale, quello di Ragusa, dove il gip Giovanni Giampiccolo ha restituito la nave alla Proactiva riconoscendo al comandante e al capomissione di avere agito, «disobbedendo» alle indicazioni della guardia costiera italiana e al codice del Viminale non certo per voler favorire l'immigrazione clandestina ma per «stato di necessità». Uno «stato» che, secondo il giudice, va riconosciuto non soltanto quando ci si trova di fronte a gente che sta annegando (e non era questo il caso) ma anche tenendo conto dell'obbligo di portare i migranti salvati in un «porto sicuro». E la Libia – come scrive il giudice in un provvedimento che autorizza a valutazioni critiche sulle scelte politiche operate dal governo italiano – non è «ancora pervenuta ad un assetto accettabile di protezione dei migranti soccorsi in mare. Manca la prova della sussistenza di porti sicuri in territorio libico in grado di accogliere i migranti soccorsi nelle acque Sar di competenza nel rispetto dei loro diritti fondamentali».

Corridoi umanitari

Fatto sta che alla vigilia della stagione estiva, quando è ipotizzabile una ripresa delle partenze, la flotta dei soccorsi è ridotta ai minimi termini. Le navi sono troppo poche per intervenire tempestivamente in uno specchio di mare ampio, con mezzi militari scarsi e molto arretrati su una linea (24 miglia dalle coste italiane) alla quale i gommoni dei migranti non sono in grado di arrivare, con il drammatico risultato che, a fronte di un quasi dimezzamento dei flussi migratori, è invece aumentato il numero dei morti, più di tremila nel 2017. Sono numeri che fanno riferimento solo ai naufragi di cui si ha certezza, ma chissà quanti bambini, donne e uomini finalmente sfuggiti all'inferno libico sono stati inghiottiti da quel cimitero del mare che è oggi il Mediterraneo. Ma salvare vite umane è la priorità: per questo nei prossimi mesi, nonostante tutto, alcune ong potrebbero riprendere la via del mare, dando speranza alle tante voci disperate che riescono ad arrivare da dietro i fili spinati e le sbarre dei lager.

Speranza che viene anche dall'avvio, non più episodico, di quei corridoi umanitari che da sempre sono indicati come unica strada praticabile per una gestione legale ed efficace dei flussi migratori. Dalla fine del 2017 il Viminale, l'Unhcr (Agenzia delle Nazioni unite per i rifugiati) e l'Oim (Organizzazione internazionale per le migrazioni) sono riusciti a entrare in molti dei centri di detenzione ufficiali, individuando tra gli aventi diritto a richiedere asilo quelli in condizioni di maggiore vulnerabilità, soprattutto bambini e donne, e a liberarli nel giro di poche ore; queste persone sono poi state portate in salvo grazie a un ponte aereo verso il Niger, paese tra i più poveri ma in grado di dare lezioni di umanità e di accoglienza al mondo intero, avendo aperto le porte a 800.000 persone in arrivo da varie rotte migratorie. Dal Niger all'Italia, alla Francia o ad altri paesi europei è la prospettiva legale che attende queste persone (per il momento ancora poche migliaia), poche e fortunate in rapporto al numero dei posti messi a disposizione. Sono già due i voli arrivati in Italia che hanno portato famiglie accolte da Cei, Comunità di Sant'Egidio, Caritas.

Questa è l'unica strada percorribile, una strada che, incrociata con i rimpatri volontari assistiti (sono già decine di migliaia i non aventi diritto allo status di rifugiato che hanno accettato di tornare a casa forti di un supporto economico che consentirà loro di avviare un'attività) in condizioni di sicurezza e soprattutto tenendo alta la bandiera dell'umanità, potrà far arrivare in Europa coloro che ne hanno diritto, avviandoli a percorsi di accoglienza e integrazione. Certamente ciò che non si può fare è decidere, mentre la gente annega e tende implorante le mani verso i soccorritori, chi ha diritto a continuare a vivere in Europa e chi invece può essere abbandonato al suo destino o deve tornare da dove è venuto.

Rambo il torturatore e la vendetta di Hamed

Gli occhi di John il torturatore

C'è buio nello stanzone dall'aria talmente ammorbata di umori da essere diventata densa. C'è buio. Sempre. Tranne quando, per un attimo, si apre la porta dietro la quale forse c'è ancora il mondo ed entra lui. Sbatte i tacchi, picchia lo stipite con il calcio del fucile, apre lo spioncino. Quel filo di luce che filtra è troppo.

Occhi negli occhi. Quelli iniettati di sangue, stravolti da alcol e droga, che sprigionano un odio primordiale che sta per scatenarsi; e quelli vacui, svuotati dal dolore e dall'inedia, che si accendono di terrore.

Occhi negli occhi. Il gigante armato di kalashnikov, pistola, frusta e mazza che scruta, come una belva assetata, in quel groviglio di mani, piedi, teste ciondolanti, corpi abbandonati o forse già senza vita, a caccia della vittima di turno. E il gigante, armato solo della sua residua fede cristiana, che cerca di farsi pigmeo e diventare un tutt'uno indistinto con quella cloaca di uomini diventati bestie.

Occhi negli occhi. Come a scuola, nella sua cara vecchia scuola di Abidjan, il professor Samuel scorreva avanti e indietro i banchi nella piccola classe per decidere chi interrogare, in un tempo che sembrava infinito. Un piccolo ricordo «umano», un frammento di una vita normale che sembra persa per sempre. Quegli occhi assetati di sangue che stanno per scegliere chi torturare, violentare, forse uccidere, Hamed non li dimenticherà mai più. Se sarà così fortunato da sopravvivere a quell'inferno, se riuscirà mai a uscire vivo da quella maledetta porta.

Quel gigante maledetto lo chiamano Rambo. Il suo nome è John, John Ogais. Un nome forse troppo banale per uno che, arrivato in Libia dalla Nigeria con lo stesso sogno di tutti quelli che ha massacrato, e cioè arrivare in Europa, ha deciso che aveva tutti i numeri per stare dalla parte dei cattivi, «salvarsi la pelle» e guadagnare anche qualche soldo, per non ridursi a mendicare un tozzo di pane come coloro che ogni giorno e ogni notte implorano la sua «benevolenza».

John è solo un ragazzo, ha venticinque anni. Ne aveva due di meno quando è partito a piedi verso il deserto, dopo essere sopravvissuto alla strage della sua famiglia. La sua «strada» l'ha trovata quasi subito, molto prima di trovarsi di fronte a quel mare che intendeva attraversare. Quella che poteva diventare la sua prigione è diventato il suo regno. Dune di sabbia davanti e dietro, nulla all'orizzonte se non minuscoli puntini umani che, inconsapevoli di ciò che li aspetta, marciano verso quella fortezza maestosa, dalle mura invalicabili e circondate dal filo spinato, carovane di pick-up che vomitano centinaia di uomini, donne, bambini dietro quei cancelli con picchetti armati. Nel «ghetto» del generale Alì si è sicuri soltanto di entrare, ma non è detto che se ne esca vivi.

John lo ha capito al volo appena arrivato a Sabha, quando era un cencioso migrante come gli altri, destinato a finire nelle mani dei «colonnelli» di quell'uomo curvo, né giovane né vecchio, dalla pelle scura e dai capelli bianchi, davanti al quale tutti abbassano con deferenza il capo. È stato un attimo e John è diventato Rambo, si è venduto ai carcerieri del generale Alì ed è diventato uno di loro. Il più feroce, il più temuto, il più violento, il più implacabile di tutti. E, naturalmente, il più odiato.

Nello stanzone le ore, i giorni passano in uno stato di torpore e dormiveglia. È l'unica autodifesa contro il terrore. Sopraggiunge un impeto di vitalità solo quando comincia la lotta per contendersi una briciola di cibo dal pentolone scaraventato per terra: uno per tutti, una sola volta al giorno. Finché arriva lui, Rambo. Tutti conoscono il «passo» di Rambo, i suoi vecchi stivali dell'esercito, l'andatura pesante di un uomo di almeno cento chili, alto un metro e novantacinque; la sua tuta militare è appesantita dai suoi «giocattoli» preferiti con cui, come un padreterno, decide delle vite degli altri, distribuendo orrore e morte, torture e violenza inaudita: il kalashnikov che porta sempre in spalla nessuno glielo ha mai visto usare. La sua pelle è più chiara di quella dei suoi connazionali e forse anche per questo si sente più simile ai libici con cui ha deciso di mischiarsi. Il suo volto è impresso in maniera indelebile in chi ha avuto la sventura di incontrarlo lungo il suo cammino. Rambo uccide a mani nude e, quando l'odore del sangue mischiato agli effetti della droga gli pervade il cervello, finisce le vittime che ha già massacrato con tubi di gomma o cavi elettrici che porta sempre con sé.

«Fratello, sono nigeriano come te, aiutaci.» Ci prova, o forse ci crede, quel ragazzo nudo fino alla cintola che sfida lo sguardo di Rambo. È l'unico che osa parlare, che alza la testa. Accanto a lui, un fagotto accartocciato su se stesso, un ragazzino pelle e ossa gli si stringe accanto. Avrà quindici o sedici anni, non di più.

Rambo non risponde. Ma sceglie proprio quel ragazzino per illustrare ai nuovi arrivati che cosa li attende. Lo afferra per un braccio, allontana a calci chi gli sta accanto, e poi lo costringe a strisciare a pancia in giù. Gli lega i piedi e li solleva, costringe due uomini a tenerlo in quella posizione assurda, e a quel punto si scatena. Alterna il cavo elettrico e il tubo di plastica e picchia duro sulle piante dei piedi. Venti minuti, mezz'ora, un tempo infinito, poi gli tira addosso un secchio d'acqua e gli attacca i cavi elettrici sul petto. Il ragazzino si dimena per le scosse fino perdere i sensi, mentre suo fratello urla pietà. Ma non c'è pietà. Rambo continua fino alla fine, per mostrare a tutti di cosa è capace. Poi punta la pistola alla tempia di quello che ha osato chiamarlo «fratello» e gli porge un cellulare: «Ora chiama a casa, non dire nulla, di' solo che ti mandino subito altri soldi se non vuoi fare la stessa fine».

Uno stupro ogni notte

Di giorno uccide, di notte stupra, come si conviene ai colonnelli del ghetto. Prima dispensa terrore, torture e morte nel «suo» container – il più grande dei quattro in cui il generale Alì stipa la merce umana, gli schiavi da mungere fino allo stremo prima di rivenderli per una manciata di banconote – e poi passa al container affidato a Mary, l'unica donna con le stellette in quella fortezza nel deserto. Lì dentro stanno stipate almeno in duecento, molte di loro con i propri bimbi, e loro stesse poco più che bambine. Schiave rapite alla frontiera, pronte per essere rivendute a chi le piazzerà sulle strade di tutta Europa.

«Più hai paura, peggio è. Più cerchi di nasconderti, peggio è. Più ti lamenti per le ferite e le violenze già subite o più cerchi di impietosirlo, peggio è. Lui prova piacere solo a sceglierti e gode del tuo terrore. E poi, anche volendo, non hai scelta. Perché chi non soggiace a loro non mangia, non ti danno né un sorso d'acqua né cibo.» Amina lo sa bene, perché questo errore lo ha compiuto più di una volta e più di una volta è stata scelta per «dormire» con Rambo. Ha sedici anni, viene dalla Somalia e porta in grembo il figlio della violenza. È l'unica cosa che accetta di dire alla psicologa del centro di accoglienza italiano, che prova a rassicurarla e a spiegarle che adesso è al sicuro, verrà protetta e aiutata a portare a termine la sua gravidanza, se lo vorrà. Ma lei non vuole. Ha solo sedici anni e non vuole essere per tutto il resto della sua vita «la madre del figlio dell'assassino». L'assassino che l'ha stuprata innumerevoli volte, da solo, in gruppo, concedendola ai suoi compari, mettendola in palio tra i suoi soldati e persino costringendo altri migranti, vittime come lei, a violentarla. «Non avevo mai visto un uomo prima e non vorrò vederne mai più.» Di stupro Amina ha visto morire una ragazza, somala come lei, violentata per ore da almeno dieci uomini, tutti aizzati da Rambo. «Gridava, ma loro le stavano sopra, la picchiavano e la stupravano. Poi a un certo punto non ha gridato più e, quando sono andati via, non si è più mossa. L'hanno lasciata a terra, senza vita, per giorni. Poi l'hanno buttata via.»

È più furbo degli altri, Rambo. Fa molto bene il suo mestiere e ha capito in fretta che dal generale Alì può ottenere ben di più che la salvezza e, a tempo debito, un passaggio sicuro e gratuito verso l'Italia. Le sue torture sono talmente raffinate, spietate e interminabili che quasi tutte le sue vittime riescono, nel giro di due o tre mesi, a far arrivare altri soldi sui conti del generale. Così tanti che Rambo ha trovato il modo di ottenerne una percentuale. «Lui è uno dei più violenti e pericolosi dell'organizzazione, un picchiatore professionista, un torturatore incapace di provare pietà. La prima volta che mi ha scelto mi ha fatto coricare a pancia a terra, alzare le gambe e mi ha colpito violentemente le piante dei piedi con un tubo, almeno per mezz'ora, ho gridato tanto da perdere la voce mentre sentivo mia madre singhiozzare al telefono. So che lui otteneva dagli arabi 100 dinari libici per ogni migrante che pagava.»

Hamed non credeva che si potesse arrivare a uccidere un uomo a mani nude, a calci e pugni. A Rambo lo ha visto fare. Lì in quel container, beffardamente chiamato «Vip», quello in cui vengono rinchiusi i migranti per i quali le famiglie, nei paesi d'origine, non riuscivano a mandare altri soldi per pagare la liberazione e salvare la vita ai loro figli.

Hamed stava lì dentro. Era la casa in cui si mettevano in atto le peggiori sevizie. Il lunedì, il mercoledì e il venerdì erano i giorni dell'inferno, quelli delle chiamate a casa per le richieste di riscatto. I giorni in cui Rambo si scatenava, i giorni della morte.

«Non avevamo altra scelta che pregare che non toccasse a noi e assistere inermi. Ricordo un ragazzo, legato mani e piedi: gridava così tanto per le torture che Rambo gli ha sigillato la bocca e il naso con un giubbino impermeabile. Lo ha ucciso a calci e non se n'è andato fino a quando non è stato certo che quel poveretto era morto. Era nigeriano come lui, ma non gli importava niente.»

«Rambo è lui»: il processo in Italia

Occhi negli occhi, un anno dopo. Quelli di Rambo sono ancora iniettati di sangue, ma la sua furia, adesso, è quella della belva in gabbia. La potenza del gigante cattivo, che guardie di un altro carcere – questa volta vero, un carcere italiano – fanno fatica a tenere a bada, nulla può con la potenza del desiderio di giustizia dell'altro gigante. Hamed il sopravvissuto, Hamed il «graziato», Hamed lo schiavo umiliato che adesso soddisfa la sua infinita sete di vendetta.

Occhi negli occhi in un'aula di giustizia italiana, dove le sentenze (per fortuna non di vita né di morte) le emettono dei giudici in toga e i diritti, anche quelli dei «cattivi», sono garantiti. «In nome del popolo italiano» e nel nome delle centinaia di migliaia di schiavi torturati, imprigionati, venduti, ancora dimenticati nei buchi neri delle prigioni libiche in mano ai miliziani. È a questa giustizia che Hamed affida la sua vendetta.

Occhi negli occhi, a testa alta, con coraggio, nonostante il ruggito (letterale) della belva in cattività, Hamed riconosce il suo carnefice, così come lo aveva riconosciuto mesi prima tra le fotografie mostrategli dagli investigatori della squadra mobile di Agrigento. Nessuna titubanza, nessuna esitazione: «Rambo è lui». È grazie a Hamed che il colonnello del ghetto di Alì oggi è in manette, in gabbia, individuato, riconosciuto, arrestato nel centro per richiedenti asilo Sant'Anna di Isola di Capo Rizzuto. Rambo ci era arrivato in estate, mimetizzato tra centinaia di altri migranti, quando aveva deciso che ne aveva abbastanza della sua vita di trafficante, carceriere e torturatore, che aveva messo da parte abbastanza soldi per ricominciare una vita in Europa, senza che tutte quelle vite violate, vendute, spezzate pesassero per un grammo sulla sua storia. Mai avrebbe pensato che Hamed e altri sei sopravvissuti all'inferno, piuttosto che lasciare subito l'Italia e cercare di raggiungere il Nord Europa, sarebbero rimasti qui a spendere il loro coraggio per portare in carcere i loro carcerieri, per saperli dietro le sbarre, forse per tutta la vita.

Hamed in Italia neanche ci voleva venire. Voleva solo andare a Tripoli per guadagnarsi da vivere e continuare gli studi specialistici, perché la sua famiglia non era in grado di sostenerlo. Ma quando ci è arrivato, scappando dal ghetto di

Alì, ha pensato che in Libia non c'erano più le condizioni di sicurezza per vivere e che non aveva altra scelta che tentare la traversata. «Nel mio paese ho studiato legge e so che la tortura è condannata ovunque e universalmente. Per questo, la prima cosa che ho fatto, arrivato a Lampedusa, è stato andare alla polizia e denunciarlo.»

E oggi eccolo qua, davanti a un giudice. Mentre Rambo è in gabbia, sedato da due agenti della polizia penitenziaria che non riuscirebbero a gestirlo senza ricorrere ai farmaci, Hamed racconta cosa accade a quelli come lui, che dopo aver superato faticosamente il deserto, risalendo dal Niger, passano la frontiera meridionale della Libia convinti di essere ormai a un passo dalla meta: Tripoli, dove chi vuole restare può trovarsi un lavoro, e chi vuole tentare la traversata può comprarsi un passaggio su un gommone.

L'inizio dell'inferno

«Sono arrivato il 5 marzo 2017.» È una data che non dimenticherà mai più: l'inizio dell'inferno. «Ero appena giunto alla frontiera tra Niger e Libia e ho incontrato uno di quegli autisti che, in teoria, tu paghi per portarti a Tripoli. Solo che a Tripoli non ci sono mai arrivato. Sono salito su un camion insieme ad altre ventiquattro persone. Appena arrivati a Sabha ci siamo fermati davanti a un portone. Pensavamo che fosse un luogo di sosta, visto che il viaggio per Tripoli è molto lungo, dura quattro o cinque giorni. Quando invece si sono aperti i cancelli di questa struttura, con nostra grande sorpresa, abbiamo visto che era pieno di persone armate. Era un carcere.»

Hamed è finito nel ghetto di Alì, e il suo destino è a un bivio oscuro: sopportare mesi di violenze e torture per ottenere dalla famiglia il riscatto della libertà o cadere in schiavitù ed essere venduto per poche decine di euro, quando ormai è chiaro che sei troppo povero e disperato perché qualcuno paghi per te.

È lì che Hamed incontra Rambo per la prima volta: «L'ho visto appena siamo entrati, perché ci hanno fatto scendere tutti dal camion, ci hanno spogliati nudi e perquisiti, e lui era uno di quelli». Hamed capisce subito che per lui si mette male, la cifra che gli chiedono di pagare per tornare libero è fuori dalle sue possibilità e da quelle della sua famiglia: «Mi hanno chiesto una somma che io non potevo pagare, 5000 franchi, che corrispondono più o meno a 2000 euro. Io sono riuscito a pagarne soltanto 700, grazie all'aiuto di parenti e amici. Ogni giorno ci davano un telefono cellulare per chiamare e chiedere un riscatto. Quindi ogni mattina i miei amici e parenti inviavano un po' di denaro».

Fino a quel momento, Hamed crede ancora di potercela fare. La «buona volontà» evidenziata da quei piccoli pagamenti quotidiani sul conto indicato dai carcerieri lo tiene al riparo dalle torture che, come capisce subito, sono il pane quotidiano delle centinaia di reclusi meno fortunati.

«Appena sono arrivato mi hanno detto quanto dovevo pagare e io non ho esitato. Ho chiamato degli amici proprio in modo da essere liberato nel giro di pochi giorni e ho pagato parte della somma. Nel giro di due, tre giorni avevano già i soldi. Quindi mi hanno spostato da un'altra parte ed è stato in quel momento che mi hanno fatto la proposta. Mi hanno chiesto se volevo lavorare con loro.»

È così che in Libia si può diventare «cattivi», che ci si può trasformare da vittime in carnefici. Per convenienza o per paura. Di paura Hamed ne aveva da vendere, ma lui – studente modello di giurisprudenza con il sogno di diventare un uomo di legge – tutto nella vita avrebbe potuto fare tranne che indossare una mimetica, armarsi di pistola e mitragliatore, tubi di gomma e cavi elettrici, e trasformarsi nel feroce carceriere di centinaia di donne, bambini e uomini in fuga come lui. Donne, bambini e uomini che, come lui, ambivano a una vita dignitosa da qualche parte nel mondo, in pace, lontano dalla violenza e dalla fame.

«Io chiaramente ho rifiutato e dopo due giorni hanno cominciato a torturarmi.» Hamed mostra i segni ai polsi, le cicatrici sulla testa. «Mi hanno portato nella sezione di Rambo ed è cominciato l'inferno. Ci facevano stare sempre con i piedi sollevati e lui ci colpiva alla pianta dei piedi. Fumava molto, e quando era sotto l'effetto di droghe era particolarmente violento. Così violento che le persone che venivano picchiate da lui rimanevano inermi, senza mangiare, senza poter fare niente per due o tre giorni, quasi in fin di vita. Utilizzava una frusta di caucciù, era lunga e dura. Utilizzava ogni strumento di tortura, tutti quelli che potete immaginare e anche quelli che non riuscite a immaginare. Ci copriva di acqua e poi ci attaccava addosso i fili elettrici, ci versava sopra secchi di acqua bollente. Ho subito di tutto e devo ringraziare le autorità italiane e i medici italiani che si sono presi cura di me...»

Piange in aula, questo gigante buono dal corpo pieno di stimmate. E racconta con dignità e con sguardo fiero la sua vita da schiavo, le umiliazioni subite per mano del gigante cattivo di fronte a lui, con un ghigno feroce sul viso. Rambo non abbassa mai gli occhi, stenta a credere che il «miserabile» che ha massacrato per sei mesi, e che ha lasciato andare quando ormai era allo stremo e non portava più un soldo, stia tirando fuori tutto quel coraggio: quegli orrori che sta riferendo ai giudici potrebbero costargli l'ergastolo.

«Ero malato, non riuscivo più a stare neanche in piedi, un giorno l'ho scongiurato perché convincesse Alì a liberarmi. E qualche giorno dopo mi hanno lasciato andare.»

La vendetta di Hamed

Il giorno di novembre in cui viene letteralmente buttato fuori dal portone del ghetto di Alì, come fosse un sacco di immondizia, Hamed comincia a sviluppare il suo progetto di vendetta. Non avrebbe mai perso di vista Rambo, l'uomo che avrebbe per sempre popolato i suoi incubi notturni. Sapeva che anche lui, come tutti gli altri uomini di Alì, prima o poi avrebbe smesso i kalashnikov, avrebbe vestito i poveri panni del migrante e si sarebbe imbarcato su un barcone diretto in Italia. Per quanto incredibile possa sembrare, Hamed fugge via da Sabha portandosi dietro il numero di telefono del ghetto di Alì e una volta a settimana chiama alla ricerca di Rambo. Fino a quando, a dicembre, gli dicono che è ormai in Italia. Ma dove? Questo, ovviamente, nessuno può saperlo, ma quando Hamed sbarca a Lampedusa e va a bussare alla porta della polizia per aprire la sua battaglia per la giustizia, dice: «So che Rambo è arrivato in Italia. Io naturalmente sono in grado di riconoscerlo».

È così che parte la caccia a Rambo il torturatore, Rambo l'assassino, che dopo essere sbarcato ad Augusta insieme ad altre centinaia di migranti, trascorre giorni tranquilli nel centro per richiedenti asilo Sant'Anna, in attesa che la Commissione territoriale esamini la sua richiesta di protezione internazionale. Rambo non sa che Hamed e la polizia lo stanno cercando in tutti i centri di accoglienza italiani. E soprattutto non sa che un altro dei feroci carcerieri del ghetto – il braccio destro del generale Alì, da tutti conosciuto come Fanti – è già finito in manette, letteralmente sottratto alla furia di alcune delle sue vittime. Fanti (al secolo Sam Eric Ackom) è stato riconosciuto e aggredito nel centro di accoglienza di Lampedusa subito dopo lo sbarco, dopo essersi mimetizzato tra decine di altri migranti in un gommone, soccorso dalla nave umanitaria *Golfo azzurro* della Proactiva Open Arms.

E dire che Fanti, che arriva dal Ghana, ha solo ventun anni. Ma Vadro Diomande, appena più piccolo di lui, arrivato dalla Costa d'Avorio e finito subito nel ghetto, non dimenticherà mai più il suo volto. «Il mio settore era vigilato da un ghanese feroce che si faceva chiamare Fanti. Era lui che comandava il gruppo addetto alla vigilanza e spesso, in modo inaudito e sistematico, ci picchiava e torturava. Fanti era quello che in maniera spregiudicata e imperterrita picchiava più degli altri carcerieri facendo sentire al telefono le urla ai nostri familiari. Lui era il vicecapo del carcere, era secondo solo al boss Alì.»

La sera del 5 marzo, nel centro di accoglienza di Lampedusa, tra quelli che aggrediscono Fanti c'è anche Efosa Idehen, un anno nel ghetto alla mercé di Fanti.

«Porto ancora sul corpo i segni delle ustioni che mi ha provocato. Era uno dei più terribili, provava piacere nel torturare e nel vedere soffrire la gente. Mi ha frustato con dei cavi elettrici, mi bagnava e mi faceva prendere la scossa con dei fili messi in tensione, spesso collegava gli elettrodi alla mia lingua e mi scaricava addosso la corrente, mi legava a una sedia e mi colpiva per ore con un tubo in tutte la parti del corpo sino a rendermi impossibile il camminare. Mi faceva stare anche cinque giorni senza mangiare e bere. Nessuno osava ribellarsi per paura di essere ucciso.»

Rambo e Fanti, uno più feroce dell'altro, sono sconfitti dal coraggio e dalla sete di giustizia di sei ragazzi sopravvissuti, che dicono grazie all'Italia e si affidano a un tribunale, mentre i loro carcerieri sbarcati in Europa finiscono in cella uno dietro l'altro. Ma la caccia terminerà solo quando qualcuno riuscirà a mettere le mani sul generale Alì, che sugli schiavi del ghetto di Sabha ha costruito una fortuna che gronda sangue.

Segen, morto di fame

L'agonia di Segen

Pesava trentacinque chili, malgrado il suo metro e settanta di altezza e, soprattutto, i suoi ventidue anni. E non era neanche quello messo peggio, tra i cento e passa tirati su dall'acqua a quaranta miglia dalle coste libiche in una mattina di marzo del 2018. Di uomini e donne come lui – un mucchio di pelle e ossa, occhi spenti, appena la forza di sussurrare il proprio nome – ce n'erano diversi quel giorno sulla nave *Open Arms* della ong spagnola Proactiva. Due di loro erano talmente gravi che i medici di bordo capirono subito che non ce l'avrebbero fatta, neanche se fossero stati rifocillati per il tempo della navigazione che sarebbe stato necessario per arrivare in Sicilia; su un elicottero, portati via d'urgenza, forse sarebbero sopravvissuti.

Segen, invece, quella mattina era uno di quelli che sembravano in qualche modo «reagire». Apriva la bocca, inghiottiva qualcosa di caldo, riusciva a buttare giù qualche piccolo boccone di cibo solido; chissà da quanto tempo i suoi carcerieri non gli davano acqua e cibo. Nessuno, a bordo della *Open Arms*, avrebbe immaginato che il bel giovane eritreo ritratto in una splendida foto dal reporter che gli uomini della ong avevano portato con loro in quella quarantaduesima missione, sarebbe morto in meno di ventiquattr'ore. Morto di fame. Nel 2018. Morto di stenti, finito, stroncato da un anno e mezzo di torture e schiavitù in una prigione libica. Uno schiaffo talmente forte e violento all'umanità del terzo millennio che la prefettura di Ragusa ha sentito il bisogno di divulgare una nota stampa per affermare che il giovane eritreo è stato ucciso da una «pregressa malattia grave allo stato terminale». Troppo forte, evidentemente, la vergogna delle istituzioni europee per ammettere quella sconvolgente verità, certificata dagli stessi medici che per ventiquattr'ore hanno inutilmente provato a salvare Segen per poi piangere davanti a quel corpo inerme che adesso ha finalmente trovato la pace in un cimitero siciliano. Una morte beffarda che lo ha colto proprio al raggiungimento di quel traguardo che aveva inseguito per quasi due anni: l'Europa, la maledettissima Europa.

«Era una persona. In barca ci ha detto che aveva ventidue anni e che si chiamava Segen. Era eritreo ed è rimasto schiavo in Libia per diciannove mesi.»

Óscar Camps, il team leader di Proactiva Open Arms che ha tirato Segen fuori dal mare, non dimenticherà mai più lo sguardo fisso di quel ragazzo ridotto a un mucchietto di pelle e ossa, rimasto immobile sotto la coperta termica fino a quando non è sbarcato a Pozzallo. Trentacinque chili per un metro e settanta. Troppo debole persino per gioire quando, sorretto a braccia, ha toccato quella «terra promessa» che inseguiva da due anni e dove, ventiquattr'ore dopo, è morto di fame.

«Ci davano un unico piatto di riso pieno di vermi per tutti una volta al giorno – è il drammatico racconto dei compagni di viaggio – in uno stanzone dove eravamo in cinquanta e ci calpestavamo per arrivare a prenderne un pugno. E quando non ci davano acqua, dovevamo bere l'urina.»

Prima a bordo e poi all'hotspot gli hanno dato subito da bere e da mangiare, ma Segen riusciva a stento ad aprire la bocca. E le flebo con le quali, nell'ospedale di Modica, hanno provato a salvargli la vita, non sono bastate. «Cachessia», recita la cartella medica, un termine scientifico per indicare la sconvolgente realtà che chi ha visto Segen si è trovato sotto gli occhi: perdita di peso ed esaurimento del tessuto adiposo e muscolare. «Mi è sembrato di tornare indietro di settant'anni. Quel ragazzo sembrava venir fuori da Auschwitz, uno scheletro con un sistema immunitario ridotto ai minimi termini» racconta turbato Roberto Ammatuna, sindaco di Pozzallo nonché primario del pronto soccorso dell'ospedale dove Segen è stato trasportato d'urgenza e ha poi trovato la morte. «Chi fugge dall'Africa muore anche di fame, adesso, non solo per le bombe. Non capisco la distinzione tra immigrati che vengono da paesi in guerra e immigrati che provengono da quelli dove c'è una situazione economica che è drammatica. Ebrei nei lager: è questa la sensazione che ho avuto io a vedere sbarcare persone malnutrite, che ci hanno raccontato come tanti di loro siano deceduti in Libia di fame e di sete. La situazione peggiora e ci vuole una strategia europea. Noi come città vogliamo continuare con l'accoglienza perché in un paese civile non ci si può tirare indietro. Speriamo in un maggiore coinvolgimento dell'Europa.»

Non era sopravvissuto ad Auschwitz, il giovane eritreo, ma alle condizioni disumane di uno dei terribili centri di detenzione libici dove, da quando le partenze verso l'Italia sono rallentate, i tempi di permanenza dei migranti si sono notevolmente allungati.

Viaggiava da solo, Segen. Quando quel sabato si era imbarcato insieme ad altre 92 persone sul gommone intercettato sedici ore dopo dalla *Open Arms*, non si reggeva in piedi da solo. «Non ricordava neanche quando fosse l'ultima volta che aveva consumato un pasto» raccontano i volontari. Il suo fisico, totalmente debilitato, non è stato in grado di reagire alla tubercolosi che lo aveva attaccato in quel carcere dove per un anno e sette mesi lo avevano torturato e costretto a lavorare come uno schiavo per pagarsi la libertà e il viaggio verso l'Europa. «Purtroppo – afferma Marco Rotunno dell'Unhcr – di migranti che arrivano in condizione limite negli ultimi mesi ne abbiamo visti tanti. Sono fantasmi che camminano, donne, bambini, uomini ridotti a pelle e ossa. Negli sbarchi più recenti ho visto decine di persone incapaci di reagire agli stimoli, di parlare, persino di provare felicità per essere riusciti ad arrivare vivi. E non c'è dubbio che l'aggravarsi delle condizioni generali è dovuto al prolungarsi dei tempi in cui queste persone sono costrette a rimanere nei centri di detenzione in Libia.»

Tre fratelli in fuga

Prima di Segen i volontari di Proactiva Open Arms non potevano credere ai loro occhi quando hanno avvistato su un piccolo gommone tre ragazzi in fuga dalla Libia, uno di loro con la flebo attaccata al braccio. Il suo nome è Alì, il più piccolo dei tre, malato di leucemia, nel cuore la speranza di essere curato in un ospedale europeo. Lo hanno visto rannicchiato accanto alle taniche azzurre piene di benzina, avvolto in un piumino nero, le mani a coprirsi il volto sofferente e terrorizzato da quella infinita distesa di mare nero sul quale era stato trascinato dai fratelli. «*Don't worry*» hanno cercato di rassicurarlo gli uomini della ong spagnola quando lo hanno preso a bordo, prima di sciogliersi tutti quanti in un pianto liberatorio.

All'ospedale di Tripoli dove era ricoverato non c'erano più le medicine per la chemio e così Mohammed e Ahmed, di trentuno e ventitré anni, hanno preso una decisione: spendere gli ultimi soldi della famiglia per acquistare un piccolo gommone e duecento litri di benzina. Hanno portato via Alì a braccia dal suo letto d'ospedale e si sono messi in mare. Se ce l'avessero fatta il fratellino avrebbe potuto salvarsi, diversamente sarebbero morti tutti insieme. Ma dopo qualche ora di navigazione le cose si sono messe male. Il motore del gommone si è fermato e hanno cominciato ad andare alla deriva, trascinati chissà dove dalla corrente. I volontari della *Open Arms* li hanno trovati così, stretti in un unico abbraccio, sotto tre coperte, a trentacinque miglia dalle coste libiche, stremati dal freddo e dalla paura.

Il faro della nave spagnola nella notte ha riacceso la speranza per il piccolo Alì che adesso combatte la sua battaglia nel reparto di un ospedale di Catania, circondato dai suoi fratelli, curato come un qualsiasi bambino italiano. Comunque andrà, qualunque sarà il destino riservatogli dalla sua lotta con la malattia, per i tre ragazzi libici è una grande vittoria. Óscar Camps ha un groppo in gola mentre racconta questa incredibile storia: «Una storia d'amore e di veri eroi. Tre fratelli con un sacco di amore e duecento litri di benzina si sono messi in mare per dare al fratello con la leucemia la speranza di raggiungere un ospedale europeo. Come deve essere la Libia e come si deve vivere lì, se l'unica speranza di un bambino malato è la fuga in mare? E l'Europa continua a nutrire quell'inferno».

Pochi giorni dopo, quando, dopo aver ripreso il mare e diretto la prua verso la zona di ricerca e soccorso (con il viso di Segen ancora vivo negli occhi), gli uomini di Proactiva si sono ritrovati sotto la minaccia delle mitragliatrici della guardia costiera libica che pretendeva la restituzione delle donne e dei bambini appena tirati su dall'acqua, è facile capire perché Óscar Camps abbia dato ai suoi l'ordine di resistere a tutti i costi. «Non ci saremmo mai perdonati per aver restituito all'inferno queste persone. Grazie a tutti per il supporto che ci avete dato in queste terribili quarantotto ore» è lo sfogo commosso di Óscar che negli ultimi due anni, scontrandosi con le miopi politiche europee, ha ostinatamente continuato a portare avanti la sua missione.

Tante volte se la sono vista brutta a bordo della *Open Arms*, ma il comandante non poteva riconsegnare alle motovedette le donne e i bambini che già pregavano e ringraziavano il loro dio per aver finalmente messo piede a bordo di quella nave spagnola. Anche quando, con la gente in mare, le mani tese verso quelle dei soccorritori scesi in acqua con le lance di salvataggio, gli ufficiali libici a bordo di una delle motovedette fornite a Tripoli dall'Italia hanno cominciato a urlare parole minacciose con il megafono: «Andate via e riconsegnateci le persone che avete a bordo, se no spareremo per uccidere». Lo hanno urlato più volte, sono persino saliti a bordo di alcune delle lance di salvataggio spagnole mentre Camps lanciava l'allarme via radio alla sala operativa della guardia costiera di Roma e via Twitter al mondo intero.

L'ennesimo soccorso conteso con la forza della minaccia delle armi da parte dei libici, solo che – a differenza delle altre volte, quando le ong erano state costrette a fermarsi per lasciare le operazioni di salvataggio ai libici – adesso i migranti erano già in salvo. E riconsegnarli all'inferno sarebbe stato un gesto senza precedenti, disumano ed evidentemente in contrasto con la missione di qualsiasi organizzazione umanitaria. Tutto però poteva pensare Óscar tranne che, passate le tre ore più brutte della sua vita e riuscito a sfuggire all'inseguimento dei libici con il suo «bottino» di 218 vite salvate, l'odissea dovesse ancora cominciare.

Impasse in alto mare

I medici di bordo sono all'opera. Ci sono molti casi critici, decine di uomini, donne e bambini ridotti allo stremo, pelle e ossa. E c'è un corpicino minuscolo salvato non si sa come dalla sua giovane mamma. Entrambe gravissime: «Salvate almeno la mia bimba, ha tre mesi, ha la febbre alta» è il disperato grido della ragazza. Tre mesi? La piccola dimostra al massimo poche settimane di vita, e fino a quel momento è sopravvissuta con le poche gocce di latte che il seno della sua mamma denutrita riusciva ancora a tirare fuori. Disidratata, i segni della scabbia addosso, la febbre alta. «La bambina non ce la fa ad arrivare viva a terra.»

Quando i medici arrivano da Óscar con il terribile presentimento di una nuova agghiacciante fine, il team leader sta ancora battagliando con la sala operativa della guardia costiera di Roma che, non capisce bene perché, a ormai diverse ore dal salvataggio non ha ancora assegnato loro un porto sicuro verso il quale dirigersi e sbarcare il loro disperato carico umano. Dopo diverse conversazioni con Roma, Óscar fa due più due e affida a Twitter la sua conclusione: «Navighiamo verso nord in attesa di istruzioni. Per il nostro rifiuto a consegnare ai libici le persone che abbiamo salvato, secondo quanto dice il protocollo europeo, non ci assegnano nessun porto sicuro». Possibile che sia così? E perché mai visto che la *Open Arms*, come sempre fatto, si era diretta a soccorrere quel gommone rispondendo a una richiesta della sala operativa della guardia costiera di Roma? E perché mai, oltre a non aver ricevuto nessun aiuto dai dispositivi militari in zona nelle tre ore in cui sono rimasti sotto la minaccia delle armi, adesso Roma si rifiuta di farli attraccare in un porto siciliano?

Vallo a spiegare a quella gente che è finita al centro di un nuovo caso diplomatico, con la guardia costiera che, dopo aver diramato l'invito a intervenire in soccorso del gommone, aveva accettato di lasciare il coordinamento dell'azione ai libici e con il Viminale che si era impuntato nel pretendere l'impossibile: che la nave umanitaria obbedisse agli input dei libici, che chiedesse a loro l'indicazione di un porto sicuro, che si dirigesse verso quello più vicino (cioè Malta che, come è ben noto, non accetta di prendere migranti) o che, al limite, fosse il governo di Madrid a chiedere al governo italiano di concedere l'attracco. Vallo a spiegare a quella giovanissima mamma, anche lei in condizioni gravissime, che forse la sua bimba non ce la farà perché chissà quanto tempo dovrà passare prima che arrivi in un ospedale.

Non c'è altra scelta che lanciare un nuovo allarme: «Siamo in situazione di emergenza. Visto il rifiuto a farci sbarcare in un porto europeo, il nostro team medico chiede l'immediata evacuazione dei casi più gravi. Che vergogna!». Già, una gran vergogna. Mentre tra Italia, Spagna e Niger, dove il ministro dell'Interno Minniti è in missione, si dipana una complessa trattativa diplomatica, anche con la mediazione del senatore Luigi Manconi, Malta finalmente si commuove e accetta di mandare una motovedetta veloce per portare via dalla nave la piccola e la sua mamma. Alle due del pomeriggio, quando sono passate ormai diciotto ore dal salvataggio, la bambina viene evacuata. Ma l'impasse non si sblocca e Óscar, ancora via Twitter, lancia un nuovo appello mentre i media di tutta Europa rilanciano e appoggiano la sua battaglia. «È urgentissimo. Abbiamo a bordo 216 persone, molte donne e bambini in situazione critica. Tutti al limite!» «Al limite», così come lo era stato Segen. Impossibile dimenticare i suoi occhi speranzosi nelle sue ultime ventiquattr'ore di vita, prima che la fame si mangiasse quello «schiavo» dimenticato dal mondo per un anno e mezzo in un centro di detenzione libica.

Alla fine, quando sono passate ormai trenta ore dall'inaudito braccio di ferro, il Viminale concede alla *Open Arms* di fare rotta verso il porto di Pozzallo, in ragione delle precarie condizioni di salute delle persone a bordo e del peggioramento delle condizioni meteomarine. La mattina dopo, finalmente, si approda. E Camps ribadisce un'amara considerazione che lo agita da oltre un anno: «Ci sono più schiavi ora che in qualsiasi altro momento della storia. Sembra incredibile ma è così, e questo è un marchio ignobile per la nostra società».

Il becchino del mare

L'uccello del malaugurio

Ahmed non lo hanno neanche venduto all'asta. Hanno deciso che sarebbe stato uno degli schiavi dell'organizzazione. E della peggiore specie. Non uno schiavo che lavora nei campi, per raccogliere patate o pomodori, oppure uno che si spacca la schiena portando blocchi di cemento nei cantieri. No, Ahmed è stato scelto per fare il becchino, per riempire quelle enormi fosse comuni che si nascondono sotto le dune di sabbia del deserto africano, sotto qualsiasi tipo di discarica vicino alle spiagge da cui partono i gommoni, o al limitare delle periferie, dove i trafficanti di uomini tengono reclusa la loro merce umana in attesa di spillare da loro più soldi possibile. Che sia il denaro estorto alle famiglie d'origine, ridotte sul lastrico pur di non sentire le urla strazianti dei loro cari costretti a telefonare proprio mentre subiscono ogni tipo di tortura, o che siano le poche centinaia di euro che i «signorotti» locali sono disposti a pagare al mercato degli uomini per comprare braccia forti da impegnare al loro servizio.

Ahmed, no. Non era più buono né per questo né per quello. A casa, nel suo paese – la Nigeria – non aveva più nessuno che potesse pagare il suo riscatto ed era troppo mingherlino per essere «prezzato» all'asta a una cifra interessante. Ma per fare il becchino poteva andar bene: così hanno deciso gli uomini che lo tenevano prigioniero, trasformandolo d'imperio in uno di loro. In uno di quelli che, solo a vederlo avvicinarsi, incute terrore. Un uccello del malaugurio, perché vuol dire che per qualcuno dei prigionieri rinchiusi negli stanzoni maleodoranti sta arrivando l'ultima ora.

In realtà, come abbia fatto a sopravvivere a questo orrore di cui è diventato un protagonista suo malgrado non lo sa neanche Ahmed, diciannove anni appena.

«La notte non dormo, faccio degli incubi, mi sveglio sudato, pensando a tutti quei morti. Ne ho raccolti quasi tremila in questi tre anni, dal 2014 fino a qualche giorno fa. La polizia libica mi ha costretto a fare il becchino.» Secondo Ahmed, i suoi schiavisti sono della polizia libica, ma non è proprio così. Ormai da mesi, si sa, in quella sponda dell'Africa distinguere tra guardie e ladri non è cosa facile. Spesso hanno tutti la divisa, una divisa qualsiasi, che siano poliziotti veri, trafficanti o guardie costiere. Anche perché spesso quelli che erano trafficanti sono diventati guardie costiere e quelli che sono poliziotti sono complici dei trafficanti. Quel che è certo è che gli schiavisti di Ahmed indossavano una divisa.

«Sono stato costretto a recuperare cadaveri di donne incinte, di bambini, di uomini. Molti erano già decomposti, mutilati, non so da chi, se dagli squali o da altri pesci oppure dai trafficanti che li picchiavano anche sulle barche o sui gommoni che affondavano. A qualcuno mancava una gamba, un braccio, la testa, ed erano sparsi nelle spiagge dove il mare li aveva ributtati, o erano appena stati recuperati a qualche miglio dalla costa, dopo essere affondati a poche ore dalla partenza per l'Italia. Alcuni sono stati uccisi dalla polizia libica che sparava sui gommoni e uccideva chi era a bordo. E io ero lì, impotente, a veder morire i miei "fratelli", che poi dovevo recuperare e chissà dove sarebbero finiti. Di certo non in un cimitero. Altri becchini come me mi raccontavano che quei cadaveri non avrebbero mai avuto una tomba, perché finivano in fosse comuni in mezzo al deserto. Non si saprà mai chi sono o dove sono finiti. Mentre i loro genitori, i fratelli, i coniugi, i figli magari sperano ancora di poterli ritrovare vivi, prima o poi, in Svezia, in Germania, in Olanda. Una speranza vana.»

Ahmed è ancora bagnato, la sua maglietta e i suoi jeans sono inzuppati. È salvo, ma non ci crede ancora. Ha paura. Non capisce che l'incubo, che certo lo accompagnerà per tutta la vita dovunque il destino lo porterà, almeno per il momento è finito. Non riesce neanche ad alzare gli occhi verso quell'angelo biondo che gli sta di fronte sul ponte della nave *Aquarius* di Sos Méditerranée che lo ha salvato in mezzo al mare e che ora, in un giorno di giugno del 2017, cerca di rassicurarlo e di fargli capire che non è più uno schiavo, che non farà mai più il becchino di migliaia di altri fratelli meno fortunati.

A bordo gli hanno dato del cibo e una coperta termica. Ahmed vaga come un fantasma sul ponte della nave che lo sta trasportando verso l'Italia. Ogni tanto si ferma e si rannicchia da qualche parte, piange, non parla.

Un angelo biondo

Giorgia Linardi è lì. Sono mesi che è a bordo della *Aquarius* a fare la spola tra la Sicilia e il mare libico, su quella nave ogni volta carica di donne, bambini, uomini vittime di un orrore senza fine. Lei, studentessa di un corso di diritto internazionale alla facoltà di Scienze politiche e relazioni internazionali a Milano, già da sei anni ha capito che il lavoro sul campo è la sua strada. È un'operatrice umanitaria, fa parte della fortissima squadra di Medici senza frontiere. Se non fosse per le centinaia di giovani come lei, che un giorno hanno deciso di mettersi a disposizione e cambiare vita per salvare chi tenta la traversata nel Mediterraneo, Ahmed oggi non sarebbe su quella nave di salvezza.

Lui, diciannove anni, dalla pelle scura e gli occhi segnati per sempre. Lei, ventisette anni, bionda e bianca, dallo sguardo che offre protezione. Il loro incontro sul ponte della *Aquarius* è il simbolo di due mondi che si vengono incontro. Giorgia lo racchiude in poche ma chiarissime parole. «Mi dedico alla migrazione nel Mediterraneo fin dai miei studi. Nel mio settore sono un operatore umanitario, per l'opinione pubblica e il mio governo un trafficante di uomini. Continuerò a lavorare con i migranti finché ne avrò l'energia, per riscattarmi dalla fortuna di essere nata dal lato giusto del globo, bionda e bianca. E poi perché questo è un momento storico e, se e quando sarò nonna, voglio dire ai miei nipotini che mi sono messa in prima linea, senza avere chissà che preparazione o qualità. Ci ho semplicemente messo del mio, nella consapevolezza che nulla sarebbe cambiato, ma almeno non ho fatto finta che questa tragedia non esistesse, come durante la Seconda guerra mondiale con i campi di concentramento in Germania. Ora i lager sono in Libia, loro non sono ebrei ma neri. Non sono sempre esseri umani? Ma tanto, a chi mai nella storia è importato dei neri africani… Meno male però che, nel '45, dopo le firme dei vari trattati di pace e quelli istitutivi dell'Onu, si era detto: "*Never again*".»

I neri africani, gli schiavi di ieri come quelli di oggi. Come Ahmed che ora sta rannicchiato sulla nave davanti a lei. E che piano piano alza gli occhi scuri verso quelli chiari di Giorgia e nel cuore della notte, mentre dalla *Aquarius* si scorgono in lontananza le prime luci del porto di Pozzallo, decide finalmente di aprirsi, come se volesse liberarsi di un grande peso, un incubo che lo assilla da tre anni. Giorgia è lì per lui, il suo compito sulla nave è proprio quello di ascoltare, di raccogliere le terribili storie dei sopravvissuti.

E Ahmed finalmente si racconta. Spiega da dove viene, qual era la vita da cui è fuggito, chi era prima che gli schiavisti lo trasformassero nell'uomo della morte. «Sono stato in Libia per tre anni, ero con mia sorella di diciassette anni, eravamo scappati dalla Nigeria. Ci avevano detto che a Tripoli avremmo trovato lavoro e avremmo potuto mettere da parte dei soldi per poi raggiungere l'Italia, l'Europa. Il nostro viaggio è stato incredibile. Abbiamo viaggiato per settimane, non ricordo neanche quanto, perché in quelle condizioni si perde la cognizione del tempo. E quando finalmente abbiamo raggiunto il confine con la Libia siamo stati derubati dagli stessi che ci avevano organizzato il viaggio di tutto quello che avevamo, tutti i soldi che ci avevano dato i nostri familiari. Pensavamo di essere riusciti finalmente a farcela...»

Tace di nuovo, Ahmed. I suoi occhi di ragazzo cresciuto troppo in fretta, il suo cuore di vittima diventata carnefice esplodono in un pianto dirotto. L'emozione sopraffà la ragione. È il ricordo di un passato che sembra ancora presente e che oscura il futuro. È il racconto di un destino comune alle centinaia di migliaia di persone che entrano in Libia dal confine sud dopo essere sopravvissute al deserto. È lì, al confine, che entrano in azione le bande di trafficanti di uomini, gruppi di una decina di giovani come loro, armati di bastoni ma anche di kalashnikov, al soldo dei veri capi dell'organizzazione che non si sporcano le mani. È lì che, per la prima volta, sembra finire il viaggio della speranza. Il viaggio verso l'Europa.

«Ridevano, ridevano sempre»

Giorgia gli prende la mano, lo incoraggia. Ahmed riprende il suo racconto: «Eravamo una trentina di persone e con me c'era anche mia sorella e altre donne. Cominciarono subito a picchiarci e ci portarono in un capannone dove c'erano già altre persone, una cinquantina, tutti neri come noi. Era un inferno. Ogni sera passavano e prendevano alcuni di noi, a caso, portandoci fuori. Ci picchiavano senza motivo. Sembravano invasati, anzi, lo erano. Si facevano chiamare Asma Boys, giovani come noi, criminali senza scrupoli, invasati, drogati, che picchiavano, che violentavano uomini e donne e ridevano. Portarono via molte donne e tra queste anche mia sorella».

Shara, che all'epoca aveva diciassette anni, era di poco più grande di Ahmed e per lui era un punto di riferimento. I genitori lo avevano affidato a lei prima di partire ma lui, che di anni ne aveva sedici, si sentiva responsabile. Era diventato l'uomo di famiglia e oggi non sa darsi pace per non essere riuscito a difendere la sorella. Da quella sera che non dimenticherà mai non l'ha più rivista.

«Vennero come al solito dentro il capannone con fucili, pistole, manganelli e frustini. Erano già ubriachi o sotto l'effetto di droghe. Avevano gli occhi lucidi, gridavano e sparavano in aria. Eravamo terrorizzati, ci rannicchiavamo dentro quei piccoli spazi del capannone. Ci fecero alzare tutti in piedi, mia sorella si era messa dietro le mie spalle, come se presagisse che quella sera sarebbe toccato a lei. E fu così: uno dei carcerieri la prese per i capelli e la trascinò via. Cominciò a piangere, a gridare, mi chiedeva di aiutarla. Ma che potevo fare? Ho tentato di proteggerla ma uno di quei mostri mi diede un colpo di calcio di fucile sulla pancia. Finii per terra e continuarono a picchiarmi con calci e manganellate mentre lei, insieme ad altre tre ragazze, veniva portata via, fuori dal capannone. Una di loro era incinta, era stata violentata quando ci avevano fatto prigionieri in mezzo al deserto. Non ebbero nessuna pietà.»

Ahmed spera ancora. Spera che Shara possa essere sopravvissuta alla sua sorte, che – come lui – possa essere tornata in libertà. Spera un giorno di poterla incontrare di nuovo da qualche parte nel mondo. Una speranza molto vana. Di lei, come di migliaia di altre ragazze, non si è mai saputo più nulla.

«Non so che fine abbia fatto mia sorella Shara, sicuramente è morta perché a violentare le donne erano tutti, uno dopo l'altro, anche se erano svenute e sanguinavano. Sono dei veri e propri mostri. Spesso ci costringevano ad assistere a quell'infernale spettacolo, le violentavano anche davanti a noi e ridevano, ridevano. Ridevano sempre.»

Giorgia è abituata a dominare le emozioni. Ma ogni volta che ascolta storie come questa non riesce a non tornare con la mente a quel giorno di primavera del 2011, a Caltagirone, in Sicilia, sua cittadina d'origine. Era Pasqua. Dall'altra parte del Mediterraneo, in Libia esplodeva la crisi e il Consiglio di sicurezza dell'Onu autorizzava l'intervento militare.

«Andando in aeroporto passai, come sempre, davanti al Villaggio degli aranci di Mineo, trasformato in centro per richiedenti asilo. E lo vidi per la prima volta popolato di migranti. Sulla superstrada Catania-Gela, dove ora stanno appostate decine di prostitute nigeriane, migranti per lo più nordafricani camminavano verso l'entroterra, senza niente. Anime perse. Nello stesso tempo vidi i primi aerei militari volare da Sigonella verso la Libia. Quest'immagine mi colpì: per la prima volta la storia entrava nel mio orticello! Che effetto mi fece vedere questo movimento nord-sud, con gli europei che andavano a bombardare la Libia, mentre i cittadini del Nord Africa scappavano e approdavano in Sicilia. Stavo frequentando un corso di diritto internazionale. Un giorno venne un'esperta di diritto dei rifugiati e lì trovai lo spunto per studiare in ambito accademico ciò che stava accadendo. Scrissi la mia tesi su un tema legato alla crisi nel Mediterraneo, poi andai a Ginevra, feci un paio di tirocini per le Nazioni unite e un master in diritto internazionale che conclusi con una tesi sul diritto applicabile ai soccorsi in mare nel Mediterraneo. Il giorno dopo la consegna della tesi, per caso venni a conoscenza di un progetto tedesco che avrebbe iniziato a operare soccorsi nel Mediterraneo. Feci le valigie e mi trasferii a Lampedusa.»

Il cimitero in spiaggia

Era giugno del 2015 e Ahmed era già diventato uno schiavo. I suoi carcerieri, gli stessi che avevano portato via sua sorella senza farla mai più tornare indietro, continuavano a chiamare i suoi familiari in Nigeria per chiedere altri soldi. Ancora soldi. Il riscatto per la vita. Ma di soldi non ne arrivarono mai, semplicemente perché i familiari di Ahmed avevano già venduto anni prima quel poco che avevano, per racimolare il necessario per far partire i due ragazzini. Fu così che Ahmed, ormai carne da macello, fu venduto per la prima volta al proprietario di una fattoria vicino a Tripoli.

«Ci trattavano come schiavi, ci facevano lavorare nei campi di pomodori e di altri ortaggi per oltre dieci ore al giorno. Ci svegliavano con calci e frustate subito dopo l'alba, a volte c'era molto freddo e non avevamo nulla con cui coprirci. Il lavoro in qualche modo ci aiutava a scaldarci. Non ci pagavano nulla, naturalmente, e la sera ci davano un poco d'acqua, un po' di pane, del formaggio e pomodori.»

La prima vita da schiavo di Ahmed durò diversi mesi, poi fu venduto ad altri proprietari di fattorie per altri raccolti di stagione. Finito il periodo della raccolta, un giorno vide arrivare in fattoria quelli che sembravano militari libici, anche loro cercavano «manodopera» da impiegare nelle loro attività. Ahmed e altri suoi due compagni di sventura furono «scelti» e portati via a bordo dei loro camion. Non sapevano cosa li aspettava, non capivano cosa stesse accadendo. Pensavano che sarebbero stati fucilati.

«Non avevo paura. Però, a quel punto, dopo tutto quello che avevo vissuto, avrei preferito morire piuttosto che continuare a fare lo schiavo e rimpiangevo di essere fuggito dal mio paese, pensavo ai miei genitori che mi avevano dato tutti i loro risparmi per tentare di raggiungere la Libia e poi l'Europa. Ero rassegnato.»

Ma i militari libici furono «clementi» e non li uccisero. «Dopo alcune ore di viaggio – spiega Ahmed – ci portarono in un capannone vicino a una lunghissima spiaggia. Pensavamo che quello sarebbe stato il luogo della nostra esecuzione. Ma non fu così. Il giorno dopo ci condussero su una spiaggia dove c'erano decine e decine di cadaveri. Tutti morti annegati o ammazzati dagli spari. Non avevo mai visto una cosa del genere. Stentavo a credere ai miei occhi. Ci diedero dei sacchi e ci ordinarono di infilare lì dentro quei cadaveri, perché loro, i poliziotti o la guardia costiera libica che fossero, non volevano sporcarsi le mani a raccogliere quei cadaveri, quasi tutti "neri" che erano affondati a poche miglia dalle loro coste e che le onde avevano poi ributtato sulle loro spiagge.»

Fu così che Ahmed cominciò a fare il suo nuovo lavoro, quello di becchino.

«Non ero il solo, come me c'erano anche altri nigeriani, gambiani. Vivevamo in una sorta di caserma con militari libici che venivano a prenderci ogni volta che un barcone affondava subito dopo avere preso il largo o quando i cadaveri dei morti ritornavano sulla spiaggia. Volevo rifiutarmi di fare quel lavoro ma non avevo scelta, mi picchiavano con bastoni o con i calci dei loro fucili e alla fine ho dovuto farlo. Cercavo di guardare altrove, di non pensare a quello che stavo facendo. Li raccoglievo in spiaggia, li infilavo dentro sacchi di plastica e li trasportavo sulla battigia. Poi arrivavano dei camion dove li ammassavamo, uno sopra l'altro, ma prima, controllati a vista, i militari ci chiedevano di perquisirli, di vedere se dentro le loro tasche ci fossero soldi, anelli o qualunque altra cosa di valore. Ovviamente, dovevamo consegnarli a loro. Ci costringevano a cercare anche dentro le parti intime di quei cadaveri perché spesso chi parte nasconde quel poco che ha negli slip o nel reggiseno.»

Tremila corpi in tre anni, una cifra enorme capace di «anestetizzare» qualsiasi coscienza. «Avevo finito per farci l'abitudine. Era diventato un lavoro quasi normale. Alla fine non mi emozionavo più, non mi sconvolgevo più. Solo per le donne che erano visibilmente in gravidanza o per i cadaveri dei bambini non sono mai riuscito a farci l'abitudine e ancora oggi ho gli incubi.»

Di morti il mare ne restituiva continuamente. I migranti, ammassati a centinaia su gommoni sfondati o su barconi fatiscenti, sapevano di rischiare la vita sin dalla partenza. Naufragi su naufragi, molti noti, molti di più mai venuti alla luce. A differenza dei corpi, quelli sì che prima o poi venivano a galla.

Intanto, a Lampedusa, Giorgia era alle sue prime esperienze, inizialmente con la ong tedesca Sea-Watch. Allora, anche le organizzazioni umanitarie viaggiavano con mezzi quasi di fortuna, ben lontane dall'organizzazione e dalla professionalità acquisita sul campo in mesi e mesi di operazioni di ricerca e soccorso. Giorgia ricorda bene quel suo primo viaggio: «Presi parte alla mia prima missione nel Mediterraneo a fine settembre. Partimmo con un peschereccio del 1917 che cadeva letteralmente a pezzi, e la guardia costiera di Lampedusa era terrorizzata all'idea del rischio corso dall'equipaggio a navigare in quelle condizioni. La missione durò dieci giorni. Facemmo pochi soccorsi per via del mare burrascoso. Mi ricordo che mi si allagò la cabina diverse volte. Finimmo in un porto di pescatori in Tunisia a cercare riparo. Quando tornammo piansi rivedendo Lampedusa. Ci misi cinque giorni a smettere di ondeggiare».

Lampedusa, Lesbo, poi ancora il Mediterraneo. Quelle centinaia di corpi che ritornavano sulle spiagge della Libia e che Ahmed era costretto a raccogliere, Giorgia li vedeva galleggiare in mare. Scene apocalittiche alle quali mai e poi mai avrebbe pensato di assistere.

«Durante una missione morirono quasi mille migranti in due giorni. Non mi scorderò mai tutti quei giovani corpi che galleggiavano, le coppie morte abbracciate, bambini orfani, madri senza figli e mariti, mariti senza mogli. "Pescammo" un bambino morto di forse nemmeno sei mesi. Marcavamo i corpi con i giubbetti salvagente e la marina italiana li recuperava e issava a bordo dentro delle reti: erano troppi. Un centinaio di corpi recuperati, una corsa contro il tempo fino al tramonto, il resto negli abissi del Mediterraneo, il più grande, bellissimo cimitero del mare al mondo.»

Su quel cimitero, in cui non c'era bisogno di becchini, un giorno si ritrova anche Ahmed. Una piccola breccia nel cuore di uno dei suoi carcerieri gli regala la sua unica possibilità di salvezza.

Quell'uomo in divisa – che impietosito ogni sera, di nascosto dai suoi colleghi, faceva avere ad Ahmed e agli altri schiavi come lui un tozzo di pane e un sorso di acqua in più – una notte, durante il turno di guardia, gli aprì improvvisamente le porte della salvezza.

«Non ci credevo, pensavo che fosse una trappola, che una volta fuori dal capannone ci avrebbero sparato. Invece non fu così. Riuscimmo a fuggire veramente. Vagammo, spostandoci di notte, lungo quelle spiagge dove il nostro "carceriere buono" ci aveva detto che avremmo trovato delle barche che partivano verso l'Italia. Ma non avevamo soldi, non potevamo pagare i trafficanti. La sorte mi aiutò e riuscii, ancora mi chiedo come, a salire su una di quelle barche, aiutato da un mio connazionale che mi prestò dei soldi per pagare il viaggio. Gli promisi con tutto il cuore che glieli avrei restituiti se avessimo raggiunto vivi l'Italia.»

Partono in cento e dopo un giorno di navigazione, quando il profilo della nave di Sos Méditerranée si staglia all'orizzonte, gli occhi di Ahmed si sciolgono in un pianto convulso. A bordo di quella nave c'è Giorgia, nel frattempo pronta ad affrontare l'esperienza della sua vita, quella con il team di Medici senza frontiere. «Mi ero resa conto di non conoscere i migranti. Nella foga dei soccorsi restavo ignorante delle loro storie; chi fossero, da dove venissero, ma soprattutto da cosa scappassero e cosa li avesse tanto tramortiti durante il viaggio. Il mio ruolo, ora, era proprio quello di raccogliere le testimonianze delle persone soccorse da Msf a bordo della *Aquarius*. L'ho fatto per quasi nove mesi, una gravidanza tra il mare e Catania dove facevamo base. Centinaia di storie, migliaia e migliaia di persone soccorse, di mani strette. Due nascite a bordo, le donne nigeriane, bellissime, dannate. Tre di loro morte tra le mie mani: e chi sono io per mettere una ragazza della mia età in un sacco di plastica?»

La stessa domanda che per tre anni lo «schiavo» Ahmed è stato costretto a porsi, con il terrore di finirci lui dentro uno di quei sacchi se solo avesse osato ribellarsi ai suoi padroni.

Eccoli finalmente, Ahmed e Giorgia sul ponte della *Aquarius*. Ahmed ora si fida di lei ed è un fiume in piena. «Non so dove siano andati a finire quei tremila cadaveri che ho raccolto. Io li recuperavo e poi li caricavo sui camion.» Sicuramente nelle tante fosse comuni sparse nel deserto libico, insieme ad altre migliaia di cadaveri di cui nessuno parla. Solo Mohammed Abdiker, direttore delle emergenze dell'Organizzazione internazionale per le migrazioni, ha fatto riferimento all'esistenza di fosse comuni nel deserto libico.

I libici sono molto razzisti, odiano i «neri» e non hanno nessun rispetto per loro da vivi figuriamoci da morti. Credete che possano «perdere tempo» a tentare di identificare quei cadaveri e informare le loro famiglie? Di quelle migliaia e migliaia di cadaveri finiti sulla battigia delle coste libiche o ripescati in mare dalle motovedette della guardia costiera libica non si saprà mai più nulla. Non avranno mai un nome e un cognome, di loro si ricorderanno soltanto i loro parenti o amici che sono sopravvissuti all'inferno nel deserto, nelle prigioni libiche e che sono riusciti a raggiungere l'Italia.

Ahmed è uno di quelli che ce l'ha fatta. Adesso chissà dov'è finito, da qualche parte in Europa alla ricerca di un futuro che gli consenta di dimenticare quei tre orribili anni di schiavitù che ha vissuto in Libia. A Pozzallo, quando finalmente ha toccato terra italiana, ha abbracciato e baciato Giorgia. Poi è sceso lungo la passerella senza voltarsi indietro.

Giorgia aspetta altri Ahmed. «Le storie raccontate negli angoli più remoti della nave. L'energia, la dignità delle persone. Le preghiere e i canti, le veglie notturne, la pioggia all'improvviso. Il mare che si muove e la gente che vomita e vomita. La clinica a bordo con una fila perenne davanti, i nostri medici instancabili. L'equipaggio meraviglioso. La distribuzione del cibo che durava ore. Stretti in più di mille persone sulla nostra nave che può contenerne al massimo 450.

Gli sbarchi infiniti. Il senso di frustrazione. Gli spari dei libici e le accuse contro di noi in primavera, che non hanno mai intaccato lo spirito e la motivazione a bordo, né il nostro modo di operare.» Dalla *Aquarius* è scesa, ma ha deciso di tatuarsi un'ancora come i marinai a fine carriera. «Ora vorrei occuparmi dell'integrazione, dell'accoglienza, della lotta alla tratta delle piccole schiave nigeriane. Vorrei aiutare il mio paese che è stato lasciato solo.»

Schiavi del terzo millennio

Un camion per Tripoli

Il giorno in cui Amhed si ammalò sul camion che li stava faticosamente portando in Libia, Samir e Abbas, due ragazzini di Nyala, nel Darfur, cugini di primo grado di quindici anni appena, capirono che il loro sogno di salire su un gommone e arrivare in Italia si stava pericolosamente allontanando. Erano fuggiti dal loro paese senza nulla, nel disperato tentativo di non cadere, come migliaia di altri loro coetanei, nella sanguinosa guerra fratricida tra i nomadi arabi (i Baggara) e i «neri» come loro. Tanto neri da essere considerati poco più che animali in quella Libia che, nei loro progetti, doveva essere solo una tappa di passaggio prima della traversata del Mediterraneo.

E invece, a bordo di quel maledetto camion che, in cambio del loro unico gruzzoletto messo insieme dai familiari, aveva garantito il passaggio fino a Tripoli, Samir e Abbas capiscono che quell'autista altro non è che un trafficante di carne umana. Carne da spolpare ma soprattutto da vendere e da rivendere al miglior offerente. In buona salute, naturalmente. Chi si ammala o non ce la fa, come Amhed, non serve. Un colpo di pistola e un calcio fuori dal camion: il deserto è pieno di corpi lasciati a marcire o dati in pasto agli avvoltoi.

«Viaggiavamo da giorni, il confine con la Libia era vicino, pensavamo che la libertà fosse ormai a un passo. Ingenui, ottimisti, sicuramente sì, ma certo non potevamo immaginare quello che ci aspettava.»

Schiavitù, come ai tempi della Guerra civile americana, quando nei porti arrivavano le navi dei negrieri che scaricarono dieci milioni di schiavi neri, rapiti o acquistati in Africa e rivenduti all'asta nelle piazze delle città, destinati a un lavoro massacrante nei campi di cotone o di mais. Solo che oggi, più di duecento anni dopo l'abolizione della schiavitù, i negrieri sono libici e libici sono anche i nuovi padroni. E gli schiavi sono sempre loro: i neri, quelli che più neri non si può, la cui vita non vale neanche 100 euro. Donne, ma persino bambine, uomini forti e sani trasformati in merce, da vendere, comprare, gettar via o semplicemente uccidere quando non hanno più alcun «valore», quando non sono più in grado di prostituirsi o lavorare nei campi o nei cantieri dei loro «padroni».

Una volta fuggiti dalla carneficina nel Darfur, Samir e Abbas non avevano messo in conto che per i successivi due anni avrebbero fatto una vita da schiavi. Oggi, finalmente al sicuro in Sicilia, si chiedono ancora come siano riusciti a riacquistare la libertà, dopo essere stati venduti da un padrone all'altro e sfruttati all'inverosimile. Si chiedono come siano riusciti a salire su quel barcone, poi intercettato in mare dalla nave *Aquarius* di Sos Méditerranée, come siano riusciti a sopravvivere. Vorrebbero pensare solo al loro progetto per il futuro: una vita e un lavoro in Germania dove li attendono altri familiari. «Siamo liberi?» chiedono timorosi e sospettosi ai volontari di Medici senza frontiere pronti ad ascoltare la loro incredibile storia. Che riparte da quel maledetto giorno del 2015 quando, appunto, il loro amico Amhed si ammalò.

Un pezzo di pane ogni due giorni, un sorso d'acqua. Fa un caldo atroce su quel camion sconnesso dove sono pigiati in venti, uno sull'altro. Si mangia la polvere del deserto. Provare a chiedere acqua ogni tanto è quasi rischioso. Quei libici sembrano immotivatamente spietati. «Ma perché mai?» si chiedono Samir e Abbas. «Abbiamo pagato tutto quanto ci hanno chiesto per portarci in Libia. Perché ci trattano così male?»

Amhed sta male da un paio di giorni ormai, peggiora a vista d'occhio con il passare delle ore. Se non gli danno qualcosa da mangiare e soprattutto da bere non ce la fa. Ha lo sguardo vitreo, ogni tanto gli esce la bava dalla bocca. I compagni di viaggio cercano con prudenza di attirare l'attenzione dei libici. E loro che fanno? «Fermano di scatto il camion, lo tirano giù, lo trascinano fuori dalla nostra vista e ci dicono di non muoverci. Pochi secondi e sentiamo uno sparo. Lo hanno ucciso così, a sangue freddo. Un colpo di pistola e via. Si riparte.» Quando il camion riprende a sollevare sabbia, il cadavere di Amhed si intravede appena, per terra tra le dune del deserto. Un terrore folle si impossessa dei due ragazzi e dei loro compagni di sventura. Chi non lo aveva capito prima lo capisce ora: sono in balia di quei libici feroci e assassini. Chissà dove li porteranno, chissà che ne sarà di loro. Partono in venti, arrivano dopo cinque giorni in diciassette. Lungo la strada altri due fanno la stessa fine di Amhed, uccisi e abbandonati nel deserto.

Samir e Abbas all'asta

Che città è quella in cui finalmente arriviamo? E quella dopo, e quell'altra ancora? E quel villaggio e quella campagna? Per Samir e Abbas, la Libia è un paese senza nomi. Dei loro due anni da schiavi ricordano i capannoni tutti uguali, uomini, donne, bambini, a centinaia, ammassati uno sull'altro e tirati fuori il giorno dell'asta. «Lì ti vendono e comprano ogni due, tre mesi. Ti mettono in fila in una piazza, ti mostrano come un animale e se vieni scelto ti portano via a lavorare da un'altra parte.»

Il primo a vendere Samir e Abbas è proprio il libico che guida il camion che li porta oltreconfine. Lui e i suoi compari sono specializzati nell'intercettare le carovane di migranti che stanno per passare il confine. Cercano i «neri neri», quelli che i libici odiano e disprezzano. «Prima di aprire la porta sale uno di loro e comincia a prenderci a cinghiate senza motivo. Poi ci fanno scendere a uno a uno. Non ho idea di dove siamo. Riconosco l'autista, ci fa mettere in fila. È lui il primo a sceglierci. A dodici di noi ordina di fare un passo avanti. Ci siamo sia io che Samir. Prende il telefono e chiama qualcuno. E finalmente capiamo. "Ho dodici giovani forti, te li vendo per 70 euro ciascuno" gli sentiamo dire. Non sappiamo con chi parla, ma che importanza ha? Il nostro destino è segnato.»

Il giorno dopo, l'affare è concluso. Samir, Abbas e altri dieci compagni di viaggio salgono in silenzio su un pick-up. Un centinaio di chilometri fino a una fattoria. Tripoli non deve essere molto lontana. Conoscono il loro «padrone». Per i 70 euro a cui sono stati «prezzati», vengono mandati per tre mesi a raccogliere pomodori. Dall'alba al tramonto, la schiena spezzata, ogni sera un tegame con il «pastone» per tutta la camerata. Neanche un soldo per loro. Le giornate si ripetono tutte terribilmente uguali.

«Ci svegliano a colpi di bastone e con il calcio dei loro fucili poco prima dell'alba e ci portano nei campi di pomodori. Si lavora fino a poco prima che faccia buio. Prima di rinchiuderci nel capannone ci danno un pezzo di pane e qualcuno dei pomodori che abbiamo raccolto. Non c'è un bagno, non c'è acqua per lavarci. Dormiamo per terra, tra topi e scarafaggi. Il puzzo è insopportabile.»

Arriva l'autunno. La raccolta è finita, non ci sono più pomodori nei campi. Per tre giorni non viene più nessuno a tirar fuori i «neri» dal loro giaciglio e il cibo, adesso, lo portano a giorni alterni. Capiscono che sta per succedere qualcosa e aspettano con i nervi a fior di pelle. Decine di occhi stravolti e spaventati si scrutano in silenzio in attesa che la porta del capannone si apra. E finalmente una mattina succede.

Samir ricorda: «"Fuori di qui, al mercato. Presto, salite tutti lì" ci urla il padrone. Fuori dal capannone c'è un altro furgone che ci aspetta. Ci fanno salire. Stavolta ci portano in una piccola piazza di un villaggio. Un'altra asta. Ci fanno fare un passo avanti, uno alla volta. Gridano: "Braccia forti, sano, abituato a mangiare poco". Il nostro prezzo è sceso. Stavolta chiedono solo 50 euro. I negrieri si avvicinano, qualcuno misura l'altezza, qualcun altro prova i muscoli delle braccia. Ho paura che mi dividano da Abbas. Non voglio rimanere senza di lui. Ma ci vendono di nuovo insieme. Non capiamo dove andremo, il nuovo padrone non ce lo dice e nessuno sa cosa andremo a raccogliere in questa stagione».

Ma questo è un padrone diverso. Non ci sono campi da coltivare, né ortaggi da raccogliere. Questo è un *businessman*, così si definisce, parla inglese. Samir e Abbas capiscono sempre di meno. Ma tanto che importa? A loro, adesso, importa solo sopravvivere.

Ogni giorno un lavoro diverso, un posto diverso, un padrone diverso. Qui a Sabratha è così che funziona. L'uomo che li ha comprati per 50 euro ogni mattina li affitta ad altri libici, gente sempre diversa. Vengono a prenderli, li fanno salire su un pick-up e li portano nei cantieri edili.

Sollevano mattoni, trasportano materiali, impastano cemento, si caricano sulla schiena chili e chili di roba. Bestie da soma. Dall'alba alla notte, ovviamente gratis. Qui almeno mangiano ogni giorno e l'acqua non la lesinano più di tanto. Senza acqua e cibo, lavorando così per dodici ore al giorno, si può anche morire e, per quanto miserabile, un valore quella «merce umana» ce l'ha, per chi l'ha comprata e pensa ancora di rivenderla al miglior offerente. E allora meglio mantenerli in vita e utilizzarli.

Torture in diretta

Un giorno, però, all'ennesima asta in piazza, nessuno sceglie Samir e Abbas. Il padrone prova ancora ad abbassare il prezzo, ma nessuno sembra interessato a quei due ragazzini dal viso incavato, talmente magri che i jeans sdruciti non stanno su neanche con la cintura. Il negriero è una furia.

«Ci riporta indietro e ci rinchiude nel capannone. Per tre giorni rimaniamo al buio, con un filo d'aria, nessuno ci porta un tozzo di pane. Pensiamo che ci lasceranno morire così come topi in gabbia. Penso a mia madre, a mia sorella, che non sanno più nulla di noi da mesi, chissà se ci credono morti durante la traversata. Ci chiediamo se le nostre famiglie in Darfur sono sopravvissute alla guerra. Hanno venduto tutto per permetterci di partire e si aspettano che mandiamo dei soldi a casa.»

Quando una mattina il padrone entra nel capanno, con il cellulare in mano e una frusta nell'altra, e chiede ad Abbas il numero di telefono di casa sua, i ragazzi capiscono che di certo non è per dar loro la possibilità di far avere notizie in Darfur. La prima frustata, alla schiena, a freddo, arriva quando Abbas ha appena finito di comporre il numero.

L'urlo è feroce. Il ragazzo si sente svenire ma il padrone gli fa segno di parlare. «Sono Abbas...» e arriva la seconda. Cinque minuti di torture disumane, le urla strazianti, i pianti dall'altro capo del telefono. Poi la richiesta: «Trovate i soldi, mandateci tutto quello che potete. Se non pagate il riscatto per la nostra libertà ci tortureranno così tutti i giorni e alla fine ci uccideranno».

Richieste disperate perché Samir e Abbas sanno che laggiù, nel loro villaggio in cui la terra tra le capanne si mischia ogni giorno al sangue, nessuno ha soldi da mandare loro. «Spesso sentiamo colpi d'arma da fuoco fuori dal capanno. Sono i sorveglianti del padrone.» Uccidono senza pensarci due volte. Uccidono anche solo chi si lamenta per le condizioni di vita disumane, uccidono chi non è più in grado di sostenere quei ritmi di lavoro. E, naturalmente, uccidono se, dopo settimane, le famiglie non pagano il riscatto degli schiavi che non riescono più a rivendere. Bocche inutili da sfamare. Samir e Abbas sanno che il loro turno sta per arrivare. Ogni giorno che passa tracciano un segno sulla parete del capanno. Per non perdere la cognizione del tempo, per sapere da quanto tempo sono chiusi in cattività. Allo scadere del quarto mese, progettano un disperato tentativo di fuga.

Il padrone si è ormai stancato persino di frustarli: quando i sorveglianti entrano ed escono per portar via gli altri al lavoro, fingono di essere sempre svenuti. Non danno segni di vita, nessuno pensa che possano fuggire. O in fondo non importa più di tanto. Il giorno che la porta di legno non viene chiusa con il chiavistello, i due ragazzi aspettano che il sole sia ormai alto. È l'orario migliore, tutti sono fuori nei cantieri. Sfidano la sorte: o una fucilata o la libertà. Corrono più veloci del vento, con il poco fiato che hanno in gola, con le pochissime forze rimaste. Sono in cinque, insieme a loro altri tre ragazzi del Sudan. È grazie al contatto di uno di loro che dopo tredici ore di fuga vengono ospitati in una catapecchia da una famiglia sudanese.

Una settimana dopo sono a Zwara, vedono per la prima volta il mare. Il «contatto» è buono. Assicura loro che li farà salire su un gommone ma c'è il viaggio da pagare e loro non hanno un soldo. 500 euro o tre mesi di lavoro come operaio in un cantiere che sta costruendo un palazzo. Samir e Abbas quasi non ci credono. Che vuoi che siano tre mesi da operaio? Non sono più schiavi. Sono uomini liberi.

Tre mesi dopo la promessa è mantenuta. Samir e Abbas salgono su un gommone. E piangono, pensando che sia finita. Ma non è ancora finita. Sono in centoventi su quel canotto, il cui fondo è talmente liso che non può che rompersi sotto tutto quel peso. È quello che accade in una notte stellata con il mare piatto. Vanno giù tutti, nessuno ha un salvagente, ognuno si aggrappa a quello che può. I due cugini si tengono l'uno all'altro, Samir ha afferrato una tanica vuota, galleggia, sarà la loro salvezza.

Quando la luce potente della *Aquarius* illumina il gommone semiaffondato, Samir e Abbas chiudono gli occhi. Questa volta è davvero finita. Sono passati due anni da quella mattina del 2015 in cui salutarono le madri nel loro villaggio in Darfur. E ora, all'angelo biondo con la maglietta di Medici senza frontiere che li avvolge in una coperta di stagnola dorata, sanno solo chiedere: «Siamo liberi?».

«Un oltraggio alla coscienza dell'umanità»

Samir e Abbas, o Mohamed o Amhed o Jihail, o gli altri ragazzi dalle «braccia forti» venduti all'asta ripresa dalla Cnn alla periferia di Tripoli sono gli schiavi del XXI secolo che i libici, senza ritegno, provano ad accollare all'Europa, né più né meno delle migliaia di morti in mare che hanno segnato gli anni precedenti e purtroppo anche l'inizio del 2018. Come il naufragio dell'Epifania, sessantaquattro vittime annegate nell'attesa dell'arrivo di soccorsi ormai troppo lontani. La guardia costiera libica (formata dall'Italia ed equipaggiata con mezzi italiani), dopo le prime settimane in cui ha persino sparato alle navi umanitarie intimando loro di allontanarsi da quella che hanno definito come loro zona di ricerca e soccorso, ha di fatto abbandonato i pattugliamenti in acque internazionali, aumentando i rischi per le centinaia di schiavi messi finalmente in mare dai trafficanti dopo mesi di torture e sfruttamento. E suona davvero beffardo il comando della marina libica che, mentre conta i morti del primo naufragio dell'anno, si affretta a rinfacciare all'Italia, all'Europa intera, quelle che definisce «lacrime di coccodrillo» per gli annegati indicando proprio la comunità internazionale come la causa di queste morti, colpevole di alimentare «il sogno di un'Europa accogliente». E l'Europa tace, davanti agli schiavi, davanti alle morti in mare di bambini, donne, ragazzi, uomini, davanti alle indecenti accuse dei libici che parlano così: «Persone indotte in errore dal sogno di arrivare in Europa creato da una propaganda malvagia. Gli africani hanno creduto veramente che il mondo apra loro le braccia. Quando annegano poi la comunità internazionale e le ong versano lacrime di coccodrillo. L'africano è diventato una merce e un brillante commercio nella tratta degli schiavi che, secondo i criteri del XXI secolo, passano sotto il nome di migranti o rifugiati o altre denominazioni tranquillizzanti. Questa storia continua».

Continua purtroppo e continuerà fino a quando l'Europa si volterà a guardare dall'altra parte. Per questo il video della Cnn, che documenta tragiche notizie diffuse già da mesi dallo staff dell'Oim in Libia, ha «bucato» gli schermi, è entrato nelle case del mondo civile che ha relegato la schiavitù nei libri di storia e che fa fatica a credere che quelle immagini raccontino storie attuali. Storie come questa.

Nel video della Cnn i migranti sono schierati in fila, tutti uomini giovani, neri, alti e forti. Uno alla volta vengono avanti mentre una voce fuori campo declama le loro qualità. «Questo è uno scavatore, un uomo grande e forte.» Da una piccola folla schierata di fronte si alzano le mani: offrono 500, 550, 600, 650 dinari. Alla fine lo «scavatore» viene aggiudicato per 400 euro circa. Poi si passa a un «grande ragazzo forte per i lavori agricoli» e in questo caso la cifra sale un po' di più. Le immagini girate da una telecamera nascosta in una tenuta privata nella cintura di Tripoli dimostrano come al business delle partenze si sia ormai affiancato regolarmente quello del nuovo schiavismo. Chi entra in Libia, prima di imbarcarsi su un gommone, è destinato ad alimentare questo mercato.

Adesso lo sanno tutti. Lo sanno i libici, che hanno promesso di avviare un'inchiesta. Lo sa l'Italia, messa di fronte al «prezzo» che paga chi è rimasto chiuso nell'imbuto libico dopo gli accordi che hanno fortemente ridotto il flusso delle partenze verso l'Italia. Lo sanno l'Europa e le Nazioni unite, lo sanno e tacciono, anche di fronte alla forte denuncia dell'alto commissario Zeid Ra'ad al-Hussein che, alla testa di una missione di osservatori Onu, ha ammesso: «Sono rimasto scioccato da ciò che ho visto: migliaia di uomini denutriti e traumatizzati, donne e bambini ammassati gli uni sugli altri, rinchiusi dentro capannoni senza la possibilità di accedere ai servizi più basilari. L'Europa non ha fatto nulla per ridurre gli abusi perpetrati sui migranti. E la politica della Ue che consiste nell'aiutare la guardia costiera libica a intercettare e respingere i migranti è disumana. La comunità internazionale non può continuare a chiudere gli occhi sugli inimmaginabili orrori vissuti dai migranti in Libia e pretendere che si possa porre rimedio a questa situazione migliorando le condizioni di detenzione. La sofferenza dei migranti detenuti in Libia è un oltraggio alla coscienza dell'umanità».

Il ritorno di Sahel

Spiegatelo a Sahel, ventun anni, che sta per tornare a casa sua in Senegal dal Niger dopo essere stato «salvato» da uno di quei campi di detenzione in cui Oim e Unhcr piano piano stanno cominciando a entrare. Sahel è uno di quelli che, nonostante tutto, dice che «ci riproverà». Non sa come, non sa quando, ma certamente ci riproverà perché per lui la fame in Senegal è peggio della schiavitù che ha sperimentato sulla sua pelle.

Sabha, nel Sudovest della Libia. È qui che Sahel, dopo aver superato il deserto grazie ai 250 dollari già pagati per la prima tappa del suo viaggio verso la Libia, viene accusato dal conducente del pick-up di non aver mai versato la somma pattuita. Una scusa come un'altra. Non ci sono spiegazioni da dare a chi si appresta a diventare schiavo.

Un'area di parcheggio lungo la strada è il primo mercato per lui. Più nera è la tua pelle, più ti oltraggiano, più sei buono solo a fare la bestia da soma.

«Lì – ricorda Sahel – mi hanno comprato per la prima volta. Che sensazione folle quella di essere associato a un prezzo, quello per il quale nel mio paese vendono un buon cavallo. A comprarmi però non è stato un padrone, ma un'altra organizzazione di trafficanti. Comprare i migranti che arrivano dal deserto è un ottimo investimento per loro. Prima guadagnano con il riscatto che ti mandano da casa e poi ti vendono per farti lavorare. Io dal mercato sono passato alla mia prima prigione, una casa privata dove oltre cento persone erano tenute in ostaggio. Ed è cominciata la trafila, fatta di violenze e torture e telefonate a casa per convincere le famiglie a mandare altri soldi. Di riscatto in riscatto, e poi ai lavori forzati sotto la minaccia delle armi. Almeno fossi riuscito a imbarcarmi. Ma i miei non avevano altri soldi da mandarmi e così, a forza di torture, mi hanno ridotto a un rottame: quando è arrivata l'ispezione stavo così male che mi hanno liberato per rimandarmi a casa. Ma tornerò, lo giuro.»

Quanta disperazione deve esserci in un ragazzo come Sahel per dirsi già pronto a riaffrontare questo calvario pur di arrivare in Europa? Chi lo ha visto e ha parlato con lui, come Mohammed Abdiker, direttore del dipartimento emergenze dell'Oim, non può che ribadire sconsolato: «La situazione è davvero disperata. Più l'Oim si impegna in Libia e più ci rendiamo conto di come il paese sia una vera e propria valle di lacrime per i migranti. Alcuni racconti lasciano veramente senza fiato e le ultime testimonianze relative a un mercato degli schiavi si aggiungono a una lunga lista di efferatezze».

Verità da sbattere in faccia all'Africa, all'Europa, al mondo intero. «Proprio per far sì che questa realtà sia conosciuta – spiega Leonard Doyle, portavoce dell'Oim a Ginevra – stiamo registrando testimonianze di migranti che sono passati per queste terribili esperienze e le stiamo diffondendo sui social media, sulle tv e sulle radio. I testimoni più credibili di queste sofferenze sono proprio i migranti che tornano a casa con il sostegno dell'Oim. Sono in molti casi traumatizzati, vittime di abusi spesso sessuali. La loro voce ha un peso e un significato speciale che nessun'altra può avere.»

Osman il macellaio

Una bambina conosce il suo papà

C'è una bimba in aula. È piccola, ha solo quattro anni e non è mai entrata in un palazzo di giustizia. Di gabbie, per sua fortuna, non ne ha mai viste prima d'ora. Tiene stretta la mano di sua madre e guarda con curiosità quell'uomo seduto sulla panca dietro le sbarre. Non lo ha mai visto prima, la mamma le ha solo spiegato da poco che anche lei ha un padre, anche se non ha capito bene che cosa significhi. Però le piace. Le piace l'idea che anche lei, come quasi tutte le sue amichette, da qualche parte ha un papà. Poco importa se al momento è chiuso in una gabbia, e forse lo sarà per tutta la vita. Almeno per lei, almeno in questo momento, poco importa se è un «assassino torturatore sadico», come lo definiscono con disprezzo alcune delle ragazze che ha violato e dei ragazzi che ha torturato.

C'è un silenzio assoluto nell'aula della Corte d'assise di Milano. Il giudice Giovanna Ichino dà un ordine secco agli agenti di polizia penitenziaria, poi si alza con i suoi colleghi ed esce. La gabbia si apre, con un forte stridio della chiave nella toppa. La piccola guarda la madre con fare incerto, la giovane donna le dà una piccola spinta d'incoraggiamento. E lei va, varca la soglia delle sbarre, va per la prima volta incontro a quel giovane uomo in giacca e camicia scura che le hanno detto essere suo padre. Lui l'accoglie con un sorriso forzato, l'abbraccia, le dà un bacio sulla testolina riccia, le sussurra qualche parola. Chissà cosa si stanno dicendo. Lei sorride, timidamente, in punta di piedi, si alza verso quell'uomo sconosciuto e gli dà dei piccoli baci. Devono averle detto che un papà si saluta così. I presenti assistono in silenzio a quell'incontro, autorizzato in via eccezionale dal giudice su richiesta dell'avvocato dell'uomo in gabbia. Un gesto di grande umanità in un'aula dove l'umanità – solo a sentire i racconti dell'orrore di cui è accusato quell'uomo – non è mai neanche entrata.

La piccola non sa nulla di tutto questo. Il suo tempo, dieci lunghissimi minuti, è già finito, volta le spalle al padre e torna verso la madre. Esita, combattuta, la porta della cella si è già richiusa dietro di lei. Ma la guardia carceraria la richiama: «Ehi, va' a salutare il tuo papà». C'è il tempo di un altro abbraccio, di un altro bacio.

Meno di un mese dopo, in quella stessa aula, per Osman Matammud, ventidue anni, somalo, arrivato anche lui in Italia su un barcone di migranti ma riconosciuto poco dopo da alcune delle sue vittime in un centro di accoglienza di Milano, arriva la condanna all'ergastolo.

Herina e il «Dio» di Bani Walid

«Io non sono somalo, non sono musulmano. Io sono il tuo Dio, sono il tuo padrone.» Nel campo di Bani Walid, in Libia (a centocinquanta chilometri da Tripoli, a cento giorni di cammino a piedi fino alle spiagge), uno dei più temuti centri di detenzione illegale dove ogni giorno finiscono centinaia di migranti arrivati dal cuore dell'Africa con la speranza di imbarcarsi su un gommone, Osman Matammud ripete con ferocia il suo mantra a ognuna delle ragazze che sceglie per il suo sadico piacere. Come sia arrivato fin lì, questo giovanissimo «kapò» che ha fatto di Bani Walid un vero e proprio campo di concentramento, non si sa. Di certo anche lui è fuggito dalla Somalia da semplice migrante; probabilmente, come altri, una volta arrivato in Libia ha deciso che gli conveniva stare dalla parte dei cattivi per tutto il tempo necessario a procurarsi a sua volta un passaggio per l'Europa. Non dev'essergli venuto poi così difficile vestire i panni del carceriere torturatore per le milizie libiche che controllano il centro di detenzione. Nella sua prima vita in Somalia, Osman Matammud faceva il macellaio. Dunque sa come impugnare un coltello, come incidere la carne, come assestare un colpo di mannaia. È indifferente al sangue che scorre. Che sia animale o di essere umano fa poca differenza.

7000 euro per arrivare in Europa sono una cifra altissima per tutti. Figuriamoci per Herina, sedici anni, somala anche lei. Per procurarle quella somma e farla partire per la Libia la sua famiglia ha dovuto vendere anche la casa e cercare ospitalità a casa di altri parenti. Tutti stretti in un tugurio di due stanze. Un sacrificio fatto di buon cuore pur di salvare lei. Ma 7000 euro, se hai la sventura di finire nelle mani di Osman Matammud, sono solo un acconto e l'inizio di infinite violenze.

Herina lo incontra quasi subito, quando la portano in quel campo che lei riteneva solo una «connection house», prima di intraprendere un viaggio nel Mediterraneo che pensava di avere già pagato. E invece no. Dopo giorni di prigionia, le chiedono altri soldi per essere lasciata libera e altri ancora per salire su un gommone. Impossibile. Lei non ha un soldo e sa già che nessuno, dalla Somalia, potrà mandargliene ancora.

È allora che vede per la prima volta Ismail. È questo il nome «di battaglia» del comandante del campo, al secolo Osman Matammud. Herina non riesce a credere che quel ragazzo poco più grande di lei, somalo come lei, che come lei dev'essere fuggito dalla guerra e dalla povertà, oggi la faccia inginocchiare al suo cospetto per urlarle minaccioso: «Da stasera a te ci penso io».

Cinque mesi, da novembre del 2015 a marzo del 2016. Cinque mesi di violenza quotidiana. Questo il prezzo che Herina è costretta a pagare a Matammud, questo il prezzo dell'odio che un anno dopo – quando per caso se lo ritrova davanti a Milano nello stesso centro di accoglienza di via Sammartini – le dà la forza di accusarlo e il coraggio di raccontare tutto quello che ha subito prima agli investigatori e poi nell'aula della Corte d'assise.

Quando Osman capisce che le cose si mettono male, ci prova subito a fermare quella ragazza che adesso non ha più paura di lui. Sono le tre del pomeriggio del 26 settembre in via Sammartini, Matammud è arrivato a Milano solo la sera prima e quando Herina se lo ritrova davanti alle tre del pomeriggio non ha dubbi: «Ma quello è... Ismail» sussurra all'amica che è con lei. Non è sola, per fortuna. Le telecamere della zona riprendono un capannello di migranti che nel giro di pochi secondi fa quadrato attorno all'aguzzino, ora diventato preda. Ci prova Osman: «Che volete da me? Se volete vi do dei soldi, lasciatemi andare». Le cicatrici sui corpi di quei ragazzi bruciano ancora: «Non ci interessano i tuoi soldi, noi ti denunciamo». Qualcuno chiama la polizia, arrivano gli agenti. Matammud ora è finalmente in manette.

Il tam tam corre veloce nel centro di accoglienza, ma anche su Facebook: «Qui c'è Ismail, lo abbiamo fatto arrestare, venite a denunciarlo». Il giorno dopo, negli uffici di polizia, a raccontare chi è veramente quel ragazzo che disperatamente cercava di indossare i panni del povero migrante, arrivano in diciassette. Nessuno si tira indietro, nemmeno durante le fasi delle indagini preliminari. Un anno dopo, a uno a uno, salgono tutti sul banco dei testimoni. A cominciare da Herina, la vittima, a testa alta e con lo sguardo fiero.

Da vittime a testimoni

Herina parla con voce calma ma decisa: «Ismail era il capo del campo di Bani Walid in Libia. Tutte le guardie dipendevano da lui. Lui ripeteva sempre: "Io non sono somalo, non sono musulmano, sono il vostro padrone"».

Le parole «a te ci penso io» pronunciate da Osman Matammud segnano l'inizio dei cinque mesi da incubo di Herina e di tanti altri come lei. «I miei non potevano pagare il riscatto e così da quella sera ho iniziato a subire violenze quotidiane. La prima volta Ismail è entrato nello stanzone in cui eravamo ammassati in più di un centinaio e mi ha stracciato il vestito davanti a tutti. Quando sono rimasta nuda ha cercato di penetrarmi ma non ci è riuscito, perché sono infibulata. Dal dolore sono svenuta, quando mi sono svegliata mi aveva già violentato perché avevo sangue dappertutto. Ismail tornava ogni notte e ogni notte mi violentava.»

Stupri per le donne, torture di ogni genere per gli uomini costretti ad assistere impotenti alle violenze anche sulle loro sorelle, mogli, figlie. La voce di Herina è dura e sembra priva di qualsiasi emozione mentre si dipanano i fotogrammi del film dell'orrore: «Le botte erano quasi carezze. Ai maschi metteva sul dorso nudo dei sacchetti di plastica cui dava fuoco. La plastica incendiata colava sulla loro schiena. A noi donne questo genere di violenza veniva risparmiato. Per noi bastava l'incubo dello stupro quotidiano».

Più giovani sono, meglio è. È più facile che a casa i genitori facciano l'impossibile per mandare altri soldi. Ma in Somalia la situazione è quella che è. Non c'è dove trovarli i soldi che Osman Matammud vuole. Herina non è sola, né in quel campo di concentramento né ora che in un'aula di giustizia accusa implacabilmente il suo aguzzino.

Maria è minorenne come lei. Anche lei viene dalla Somalia, anche lei ha subito di tutto e anche lei, dopo aver riconosciuto il «macellaio» a Milano, adesso vuole vederlo in carcere per tutta la vita. «Ismail mi diceva: "Spogliati, schiava, tu mi appartieni, mi devi obbedire". Poi sono arrivati i suoi uomini e mi hanno legata con delle corde alle persiane delle finestre di un'altra stanzetta del centro. Mi hanno messo in croce, un braccio da una parte e uno dall'altro. Mi hanno lasciato chiusa lì dentro per tre giorni e tre notti, e tutti mi hanno violentata a turno.»

Favasal, Osman, Ali Oumar, Sahel. Salgono sul banco dei testimoni uno a uno. E uno a uno, con la stessa implacabilità con la quale Osman Matammud li ha torturati per mesi, puntano l'indice contro di lui. Tutti ricordano ogni singola parola di quell'incubo quotidiano. Ismail con i suoi sgherri che entra nel capannone e comincia così: «Se non pagherete, come abbiamo ucciso altre persone uccideremo anche voi. Morirete, e in un modo orribile». Le telefonate in diretta con le famiglie durante le torture fino a quando, dall'altro lato, una voce non chiede pietà e sussurra: «Basta, li mandiamo». Le «lezioni» perché tutti capissero che non erano solo minacce. E, ogni mattina, la lettura del quaderno con i nomi di chi aveva pagato, di chi doveva finire il pagamento iniziato e di chi non aveva ancora pagato.

Osman: «Dormivamo tutti in un grande capannone. C'erano centinaia di persone, maschi e femmine. Dormivamo per terra accatastati uno sull'altro. Ogni volta che arrivavano altre persone dovevamo stringerci sempre di più. A volte non riuscivamo neanche a sdraiarci, da quanti eravamo, e provavamo a dormire in piedi, appoggiati uno sulle spalle dell'altro come i cavalli. Poi a gruppi chi aveva pagato veniva portato via per fare il viaggio sui barconi. Chi non aveva i soldi veniva torturato e se era fortunato e forte sopravviveva. Ismail si divertiva a trovare sempre nuovi mezzi. Mentre torturava, rideva e parlava al telefono. Era evidente che provava piacere».

Favasal: «Io sono stato picchiato e torturato tutti i giorni anche se i miei genitori avevano pagato. Ismail è un sadico, gli piace fare del male. Sono stato picchiato con calci e pugni, con sbarre di ferro e bastoni. Una volta mi ha bastonato sul petto così a lungo che ho iniziato a vomitare sangue. Altre volte mi immobilizzava in piedi con i polsi legati con delle corde, mi attaccava le pinze sul petto e poi faceva partire la corrente elettrica».

Sahel: «C'era una stanza delle torture dove Ismail mi legava e mi picchiava. Poi partivano le scariche elettriche finché non svenivo. Ci legava i piedi con il fil di ferro e ci teneva a testa in giù. E se urlavi ti metteva la sabbia in bocca. Era armato, aveva fucili, coltelli, una pistola e vari bastoni con cui picchiava quelli che non pagavano. Così ha fatto anche con me. Chiamava mia mamma e le diceva: "Paga o uccido tuo figlio" e al telefono le faceva sentire le mie urla mentre mi picchiava. Guardava le ragazze che tremavano, poi si prendeva quelle che gli piacevano. Ne ho vista una morire dissanguata dopo aver partorito: chiedeva aiuto a Matammud ma lui, pur di non sentirla urlare, le ha tirato addosso un bastone e l'ha lasciata per terra a morire».

Ali Oumar: «Io l'ho visto personalmente spaccare con un tubo di ferro le braccia e le gambe ad almeno cinque uomini. Alcuni ragazzi sono stati incaprettati mentre li picchiava con una sbarra sulla pianta dei piedi. E due li ho visti morire ammazzati a bastonate e impiccati e poi riportati dentro e lasciati a terra in mezzo a noi. Lui gridava: "Vedete come ho ucciso questi due? Chi non mi farà avere i soldi farà la stessa fine. Posso uccidere quando voglio e come voglio. Posso fare quello che voglio. Sono il vostro Dio. Anche se mi vedrete in Europa io sarò sempre sopra di voi, io sono il vostro Dio e non potrete dire niente"». Ali Oumar piange. Il giudice mette a verbale e ordina: «Basta così».

La parola alla difesa

Almeno quattro omicidi, decine di stupri, innumerevoli torture. Altro che favoreggiamento dell'immigrazione clandestina, la prima accusa che gli era stata mossa. Man mano che le sue vittime sopravvissute all'inferno di Bani Walid si fanno avanti, gli inquirenti capiscono perché quella mattina d'autunno del 2016, nel centro di accoglienza di via Sammartini, Osman Matammud ha rischiato il linciaggio, dopo essere stato riconosciuto dalle due giovanissime somale che aveva schiavizzato per mesi. Il procuratore aggiunto Ilda Boccassini non è certo un magistrato di primo pelo; eppure, alla lettura delle carte dell'inchiesta condotta dal collega Marcello Tatangelo, ammette: «In quarant'anni di carriera non ho mai visto niente di simile».

Chi è veramente questo Osman Matammud? Uno spietato carceriere che ha sfogato tutta la sua frustrazione e la sua nullità su centinaia di giovani come lui, scegliendo con particolare sadismo – chissà poi perché – i suoi connazionali somali? O un migrante come gli altri che ha ceduto alla tentazione di salvare la propria vita facendo carne da macello di quelle degli altri, e poi è salito sul primo barcone utile per mischiarsi insieme agli altri profughi e riprendere il suo cammino verso l'Europa come se nulla fosse successo?

Né l'uno né l'altro, per chi è disposto a credere alla sua parola. Chiuso nella gabbia dell'aula della Corte d'assise di Milano, recita con grande naturalezza la parte dell'imputato modello. Regge lo sguardo dei suoi accusatori, prende appunti mentre parlano, chiama a testimoniare a sua difesa la giovanissima moglie, che vive a Roma con la bimba di quattro anni avuta da lui quando era ancora minorenne. Sono anni che i due non si vedono. Ed è proprio questa la carta che gioca Matammud. Lui è un povero migrante come le centinaia di migliaia di altri che lo hanno preceduto, finito a Bani Walid come vittima, ma con il sogno di raggiungere appena possibile in Italia moglie e figlia.

«Ci siamo conosciuti in Sud Sudan nel 2012, a Gudele, dove io ero arrivata da nove mesi; ero fuggita dal mio paese in Somalia, Afgooye, all'insaputa dei miei genitori perché uno dei capi di Al-Shabaab aveva chiesto la mia mano e io non volevo sposarlo. Avevo quindici anni quando ho conosciuto Osman, e lui ne aveva diciassette. Ci siamo sposati lì a gennaio del 2013 ma non abbiamo mai vissuto insieme perché Osman stava in una casa con altri cinque uomini. A marzo, quando ero incinta di poche settimane, ho contattato i miei genitori e ho chiesto loro i 2000 euro necessari per proseguire il viaggio verso l'Italia e sono andata via. Osman ha preferito rimanere. Lavorava come macellaio e con i 200 dollari mensili che guadagnava poteva contribuire all'economia della sua famiglia, che dopo la morte del padre si era trovata nel disastro. Inoltre in quel periodo si era ammalato di malaria. Da allora non ho più visto mio marito.»

Non sa molto di Matammud la giovane moglie, che dopo quattro anni ritrova il marito chiuso in cella e accusato dei peggiori crimini. Stenta a riconoscere in lui il ragazzino di cui dice di essersi innamorata a quindici anni, con il quale ha concepito quella bimba che non ha mai conosciuto suo padre, e con cui immaginava di potersi costruire una famiglia come le altre in Europa. Per lei, tutto questo è un gigantesco errore giudiziario. Lei è sicura che Osman è un migrante come tutti gli altri, una vittima anche lui.

«Da allora – dice alla Corte d'assise mentre lui la guarda fisso negli occhi – non ho più visto mio marito. Ci sentivamo una volta al mese telefonicamente. Gli chiedevo di raggiungermi, ma la sua famiglia era molto povera e non aveva i 2000 dollari necessari per pagare il viaggio. Poi a ottobre del 2014 mi ha detto che avrebbe ricavato i soldi del viaggio dalla vendita dei cammelli e che dunque sarebbe partito per raggiungere me e la bambina. Sua madre aveva venduto la casa e gli aveva inviato 2000 dollari. Da Khartoum è giunto in Libia a Sabha ma è stato tenuto in ostaggio. Quando mi chiamava sentivo che lui veniva picchiato al telefono. Mi diceva che era nel campo di Bani Walid.»

Che fosse in quel campo di prigionia, sorvegliato a vista da decine di uomini armati fino ai denti, non c'è dubbio. Ma in che veste? Quella di torturato o di torturatore? Osman non parla una parola di italiano, si esprime solo in uno dei dialetti del suo paese, scrive al suo avvocato Gianni Carlo Rossi con l'aiuto di un connazionale e davanti ai giudici racconta la sua verità: «Sono un profugo sbarcato in Italia su un barcone, non c'entro nulla con quelle violenze. Sono stato torturato anch'io con scariche elettriche come gli altri cinquecento che erano nel capannone con me». Alza il pantalone, scopre una gamba, mostra delle cicatrici, torna indietro alla sua vita precedente. «In Somalia vivevo con la mia famiglia nella città di Adale, fuori Mogadiscio. Mio padre era un funzionario governativo ai tempi di Siad Barre. Un giorno di luglio del 2011 sette persone armate hanno fatto irruzione a casa nostra e lo hanno ucciso insieme a mia sorella e a mio fratello, io sono rimasto ferito e sono fuggito per miracolo. Allora mia madre ha venduto la nostra casa a Mogadiscio e con i soldi che ha ricavato ha pagato il viaggio per me. Prima sono andato in Uganda a lavorare con un mio zio, poi in Sudan. E lì ho conosciuto mia moglie e l'ho sposata. Quando lei è rimasta incinta l'ho fatta andar via alla prima occasione possibile. A giugno 2015 la macelleria dove lavoravo ha chiuso e io sono tornato in Somalia. A gennaio 2016 sono partito con l'intenzione di arrivare in Europa. Quando ho saputo che mia moglie ce l'aveva fatta ed era nata la bambina, il mio pensiero è stato sempre quello di raggiungerle e andare con loro a cercare lavoro in Germania. Ma arrivato in Libia mi hanno imprigionato e ho subito anch'io quello che hanno subito tutti, ma non ho mai visto né ragazze violentate né persone morte. Quando la mia famiglia ha pagato il riscatto, sono andato a Sabratha e da lì mi sono imbarcato su un gommone. Perché mi accusano ora? Non saprei. Forse questi che mi accusano, che sono quasi tutti somali, appartengono a qualche clan rivale.»

Un poveraccio arrivato in Italia senza un soldo, un «migrante che ha viaggiato normalmente con altri migranti». Se fosse stato un trafficante di uomini non si sarebbe ridotto a bivaccare per strada davanti alla stazione di Milano, osserva il suo avvocato, nominato d'ufficio perché Osman non può permettersi di pagare la difesa e invoca il gratuito patrocinio.

La sentenza

Difficile sostenerlo davanti a quelle due ragazze stuprate ogni notte per cinque mesi e a quei cinque ragazzi che portano ancora sul corpo e nell'anima i segni della furia violenta di

Osman il macellaio. Altro che povero migrante, altro che vittima. Il pubblico ministero Marcello Tatangelo, dopo le sconvolgenti testimonianze in aula, non deve faticare molto per convincere i giudici. Sì, forse nella sua vita in Somalia Osman Matammud è stato quello che ha raccontato, un ragazzino sopravvissuto per miracolo alla strage in cui la sua famiglia è stata sterminata. Ma in seguito è diventato «un ragazzo che ha sbroccato e si è fatto prendere dal delirio di onnipotenza ad avere nelle sue mani la vita di centinaia di persone. Tutte le vittime hanno subito violenze terribili, molto peggiori di quelle che sarebbero state necessarie per mantenere l'ordine nel campo e per impedire alle persone sequestrate di fuggire da quello che non sembra essere meno di un campo di concentramento nazista».

E se avesse ragione Osman? Se tutti i suoi accusatori mentissero per vendicarsi di chissà quale appartenenza a chissà quale clan rivale? La risposta del pm è secca: «Nessun ragionevole dubbio sulla credibilità dei racconti da brivido che abbiamo sentito. Non solo avrebbero dovuto essere attori da premio Oscar ma avrebbero dovuto organizzarsi in pochissimo tempo per calunniare Matammud visto che l'incontro con il loro aguzzino a Milano è stato puramente casuale».

Ergastolo, non c'è altro che si possa chiedere per punire un orrore senza fine come questo. Nessuna attenuante, neanche quella della giovane età e dello stato di incensurato, possono minimamente alleggerire la gravità dei crimini imputati.

«Spero nel cielo, sono innocente, non ho commesso alcun reato.» La mattina del 10 ottobre, quando le guardie lo portano in aula, Osman il macellaio affida, invano, le sue parole alla corte. Non aspetterà molto prima di conoscere il verdetto. Quando la presidente del collegio rientra in aula, Matammud incassa impassibile la sentenza: ergastolo più tre anni di isolamento diurno.

La sua detenzione, dovunque sia, sarà un hotel a cinque stelle rispetto all'inferno quotidiano di centri come Bani Walid o il ghetto di Alì. Ce ne sono a decine in Libia: «ufficiali», sotto il controllo del governo di al-Sarraj, con cui l'Italia ha stretto gli accordi che hanno portato a un –34 per cento di sbarchi nel 2017 ma che ha chiuso centinaia di migliaia di disperati proprio in quei centri; e quelli in mano alle milizie e alle tribù libiche, che hanno capito da tempo che rinchiudere i migranti ed estorcere denaro alle loro famiglie è un business altrettanto lucroso che organizzare i viaggi sul Mediterraneo.

Dalla fine del 2017, le organizzazioni umanitarie e l'Unhcr riescono a entrare solo in pochissimi di questi campi di concentramento, per individuare le persone in particolari condizioni di fragilità (soprattutto donne e bambini), ottenerne la liberazione dal governo libico e farle arrivare in Europa su un aereo, attraverso quei corridoi umanitari da anni indicati dal mondo intero come unica soluzione possibile a un'emigrazione epocale.

Basta leggere le motivazioni della sentenza che ha condannato all'ergastolo Osman per capire perché, già dopo aver ascoltato le prime agghiaccianti testimonianze delle sue vittime, il procuratore di Milano Francesco Greco è stato categorico: «In un momento in cui fa trattati con i paesi per la gestione dei flussi migratori, l'Italia deve chiedere il rispetto dei diritti umani. I racconti di torture e violenze sono preoccupanti e agghiaccianti, dimostrano che in questi campi la vita umana vale zero».

Una trentina di morti ammazzati nel capannone di Bani Walid di cui Osman Matammud era il «Dio», diciassette vittime sopravvissute che lo accusano. Ma non basta. In giro per l'Europa ci saranno centinaia di migranti passati dalle sue mani. Ilda Boccassini, che ha coordinato l'inchiesta ne è certa. Per questo, al momento dell'arresto di Osman il macellaio, ha deciso di distribuire la sua foto dandole il massimo risalto su tutti i mezzi di informazione. Nella speranza che, dovunque ora sia, chi è stato schiavo di Osman si faccia avanti a denunciare lui e gli altri come lui che di quelle decine di campi di detenzione come Bani Walid in Libia hanno fatto veri e propri pozzi di San Patrizio. Un giro d'affari, quello alimentato dai sequestri dei migranti, dalla durissima prigionia, dai riscatti e dalle nuove richieste di denaro per proseguire il viaggio che rende alle organizzazioni transnazionali di trafficanti di uomini ben di più del passaggio su un gommone per la traversata nel Mediterraneo. Per questo, la consapevolezza e la denuncia degli orrori che vivono quotidianamente centinaia di migliaia di migranti, rimasti intrappolati in Libia dopo la frenata delle partenze, sono una priorità irrinunciabile. Davanti a questi giovanissimi ragazze e ragazzi che mostrano le loro cicatrici sulla pelle e portano dentro quelle incancellabili dell'anima, un magistrato di lungo corso come Ilda Boccassini si dice innanzitutto colpita come donna e come madre. «Ognuno di noi deve sentire questo come un problema che deve essere necessariamente affrontato. È un obbligo verso la comunità mondiale. Se si parla di violazione di diritti umani qui siamo al di là di ogni immaginazione.»

Maryam e la tratta delle baby prostitute

La tratta delle baby prostitute

Degli uomini con i quali è stata costretta a fare sesso non riesce a immaginare neanche il numero. «Duecento, trecento, quattrocento, chi lo sa? Arabi, libici, nigeriani, gambiani. Anche mio cognato, nigeriano come me, il fidanzato di mia sorella, l'uomo che mi ha ingannato, che mi ha venduto, che tradiva mia sorella che lo aspettava in Germania mentre lui si era fatto un'altra famiglia in Libia e, soprattutto, faceva i soldi con noi schiave del sesso.»

Maryam voleva diventare medico: era questo il sogno della sua vita, sin da quando era ancora piccola ed era rimasta sola con la mamma in seguito alla morte del padre. E invece il suo viaggio verso l'Europa ha fatto di lei una delle migliaia di baby prostitute vendute per pochi spiccioli dai nuovi schiavisti che in Libia hanno creato un business milionario sulla pelle delle migranti in transito.

Oggi Maryam vive in Germania con un bimbo piccolo, figlio suo e di chissà chi tra gli animali che l'hanno stuprata per un anno intero. All'età di ventotto anni, ma con il vissuto di una donna provata da ciò che non avrebbe mai immaginato di dover subire, si chiede ancora come abbia fatto a uscire viva da quell'inferno in cui è precipitata fidandosi di un uomo che credeva di famiglia e che invece l'ha costretta alla peggiore delle umiliazioni: affrontare una maternità frutto di odio e violenza.

Maryam avrebbe potuto abortire, certo, ma non ha voluto farlo. «Che colpa aveva quel bambino? Perché avrei dovuto negargli la vita? Non so chi sia il padre e non mi interessa saperlo, ma lui è mio figlio e io lo amo. Magari mi aiuterà a ricominciare a credere in qualcosa e riprendere a vivere per uno scopo.»

Maryam è sola, e non sa cosa le riserverà il futuro. Adesso, l'unica cosa di cui sembra sicura è che non ci sarà mai più nessun uomo nella sua vita. È sul ponte della nave *Aquarius* di Sos Méditerranée, in una dolce serata di giugno: la Libia è ormai alle spalle, il gommone su cui è riuscita a fuggire da quel bordello-prigione si inabissa lentamente mentre va alla deriva. Il suo bimbo, sopravvissuto prima alle violenze dentro di lei e poi ai sette mesi trascorsi in «cattività», dorme tranquillo attaccato al suo seno.

Maryam guarda negli occhi la volontaria di Medici senza frontiere che prova a rincuorarla, e dice con voce inespressiva ma ferma: «Non mi sposerò mai. Tutti gli uomini che ho dovuto conoscere sono stati cattivi con me, mi hanno usata, violentata, picchiata. Non so che vuol dire amore, nessuno me ne ha mai dato e non lo voglio avere. L'unico amore che ho è per mio figlio e, anche se mi vergogno a dirlo, sono contenta che sia maschio perché se fosse stata una femmina, forse, avrebbe potuto avere la stessa sorte che è toccata a me».

Già, la sorte di Maryam, uguale a quella delle migliaia di altre ragazze nigeriane come lei – tremila solo nell'ultimo anno – sottoposte all'orribile arcaico ricatto del rito voodoo, portate via con l'inganno dai miseri villaggi attorno a Benin City con il miraggio di un futuro in Europa come parrucchiere o, alla peggio, come cameriere o babysitter. Ragazze stuprate decine di volte durante il viaggio, giusto per «prepararle alla vita». Rapite, poste di fronte all'enormità di un riscatto che saranno costrette a ripagare con il loro lavoro di baby prostitute una volta arrivate a destinazione. Vendute da un'organizzazione all'altra, messe su gommoni di fortuna e poi recuperate nei centri di accoglienza dai trafficanti che le butteranno sulle strade di mezza Europa e che non intendono rinunciare a nessuna di quelle ragazze da cui si aspettano grandi profitti.

Schiave del sesso, della tratta e dello sfruttamento. Sempre di più, sempre più sole, sempre più piccole. «Piccole schiave invisibili» come le definisce l'organizzazione umanitaria Save the Children, che nel suo ultimo dossier racconta di un giro d'affari da 32 miliardi di dollari (seconda fonte di reddito per le organizzazioni criminali dopo il traffico di droga) che tra il 2016 e il 2017 ha triplicato il numero delle piccole schiave del sesso la cui età è scesa fino ai tredici-quattordici anni.

Anche a bordo della *Aquarius*, la nave che l'ha salvata, ce ne sono tante. Maryam – che avrebbe già l'età per trasformarsi in una *maman*, e continuare a ripagare il suo debito passando da sfruttata a sfruttatrice – le riconosce subito quelle ragazzine che arrivano dal suo paese e che vanno incontro al loro orribile destino: piccole, impaurite, occhi bassi, zitte, sempre in gruppo tra di loro, rispondono con monosillabi alle caute domande degli operatori umanitari. Non sanno ancora, non capiscono che parlare, aprirsi con loro le salverebbe. Come ha deciso di fare lei.

Il suo bimbo, frutto di uno stupro, oggi è il simbolo della sua salvezza. Maryam lo tiene sempre in braccio, non se ne separa mai. Cullandolo, piano piano riesce a tornare indietro, a raccontare da dove tutto è cominciato.

Maryam che voleva diventare medico

«Si può voler diventare un medico anche se nasci in un miserabile villaggio della Nigeria? Anche se nessuno nella tua famiglia ti può pagare gli studi? Si può continuare a sognare a occhi aperti anche se tutto attorno a te va a rotoli?» Domande che suonano come una sfida.

A Lafia, capoluogo della regione di Nasarawa, nel cuore della Nigeria, c'è una scuola superiore e c'è l'università. Maryam è nata e vissuta in un villaggio di campagna a una cinquantina di chilometri da lì, trazzere e strade scassate che rendono già difficile il viaggio in macchina fino alla «metropoli» con i suoi quasi due milioni di abitanti. Nel suo villaggio vivono in trecento, una vera e propria tribù, quasi tutti cristiani. Della vita al di fuori del suo minuscolo orizzonte, Maryam non sa proprio nulla. Almeno fino ai diciott'anni, quando muore suo padre. È in quel momento che cambia tutto e che la sua misera ma tutto sommato stabile vita entra in una spirale di dolore e di angoscia.

Suo fratello esce dal villaggio per andare a cercare lavoro nei campi per sostenere la famiglia e non torna mai più. Che ne è stato di lui? Ucciso, rapito, fuggito? Maryam non lo saprà mai. Sua sorella Alaba, invece, più grande di dodici anni, ha fatto «fortuna» lontano. Si è fidanzata con un ragazzo del villaggio, Abdhel, e la madre le ha consegnato tutti i risparmi di una vita per farli partire e andare a costruirsi una vita felice in Europa. Prima tappa la Libia, come per tutti, un luogo di transito dove cercare lavoro e mettere da parte un piccolo gruzzolo per pagarsi il viaggio.

Maryam adesso è sola con la madre nella loro piccola capanna di mattoni e fango. Per mesi non ricevono più notizie di nessuno dei fratelli. Poi, dopo circa un anno, finalmente Alaba riesce a mettersi in contatto con la madre.

«Diceva che stava bene – racconta Maryam, – che in Libia aveva trovato lavoro come cameriera in un albergo, così come Abdhel. Diceva che forse sarebbe riuscita a partire con un barcone verso l'Italia e che insieme al suo fidanzato stavano raccogliendo i soldi per pagare un trafficante nigeriano, in contatto con i libici.» Finalmente una buona notizia. Maryam è felice per sua sorella ma non smette un attimo di pensare al proprio destino. Che ne sarà di lei, sola in quell'angolo di mondo sperduto, senza un soldo, senza un avvenire, senza un uomo che la protegga? È lecito continuare a sognare di indossare un giorno un camice bianco e curare i bambini?

Un altro anno di silenzio, poi un'altra telefonata. Alaba adesso è in Germania, sembra felice, pare che il suo progetto sia andato finalmente in porto. Ci sono voluti due anni, ma Alaba ce l'ha fatta, adesso è in Europa, è in salvo, lì qualcosa combinerà. Ora tocca a Maryam. Le dispiace per sua madre che resterà sola in Nigeria, ma lei è ormai troppo grande per fuggire e comunque gli abitanti del villaggio l'aiuteranno.

Maryam decide che è venuto finalmente il suo momento, anche perché a casa la vita è diventata impossibile. Una ragazza ventenne che non vuole sposarsi rischia grosso. Una sera l'aspettano in due: sono del suo paese, sono ubriachi, cattivi. La aggrediscono, la buttano per terra, la violentano a turno. È da quel momento che Maryam comincia a odiare gli uomini, ma non sa ancora cosa la aspetta. Per lei non c'è altra scelta. Ha perso la verginità in quel modo, nel villaggio lo sanno tutti. Non c'è più suo padre, non c'è più suo fratello, non c'è nessun maschio che possa proteggerla. Si chiude in casa con sua madre e non esce più. Quando arriva la chiamata di Alaba dalla Germania, Maryam prende la sua decisione: vuole raggiungere la sorella. Le chiede come fare.

«Lei mi dice che Abdhel, il suo fidanzato, non è riuscito a partire, che è ancora in Libia in attesa di trovare anche lui un passaggio per l'Italia, per poi raggiungerla in Germania.» Alaba non sa ancora che il suo fidanzato ha dato una svolta alla sua vita, che ha accettato di fare affari con i libici, diventando un'esca per gli organizzatori della tratta. Da nigeriano sa dove e come andare a reclutare le nuove schiave del sesso. E Maryam, inconsapevolmente, finisce proprio da lui: è la sorella che le passa il suo recapito. «Chiamalo, lui può trovare il modo per farti raggiungere l'Italia, io ti manderò i soldi per affrontare il viaggio in barca. Magari potreste provare a partire insieme.»

Maryam comincia a sognare, a sperare: finalmente una via d'uscita. Dopo pochi giorni chiama Abdhel.

«Porta tutti i soldi che hai» le dice lui, rassicurandola e indicandole chi contattare per attraversare il confine tra la Nigeria e la Libia.

Via, si parte. Una vecchia borsa con gli abiti più pesanti che ha, un abbraccio tra le lacrime alla madre che ha dato fondo a quel poco che le era rimasto, un grazie sussurrato ad altri familiari che hanno fatto una piccola colletta per contribuire a un'altra vita da salvare. Una promessa di far giungere presto buone notizie. Via dal suo inferno, senza mai voltarsi indietro.

Il futuro, adesso, è su quel camion in cui l'hanno fatta salire in cambio di quasi tutti i suoi soldi. Sono in più di cinquanta là sopra, più della metà ragazze, e lei sembra la più grande.

Giorni e giorni di viaggio nel deserto, qualche pezzo di pane ogni tanto e pochissima acqua da spartire. Sempre in silenzio, occhi bassi, lacrime trattenute a stento. La sola cosa che le rincuora è la speranza.

La trappola

«Siamo vicini, quello è il confine con la Libia.» L'annuncio dell'autista arriva quasi a sorpresa. Le ragazze si guardano e sorridono. Le più piccole hanno paura, le più grandi fanno forza al gruppo. Maryam scende tra le prime e si guarda attorno. Aspetta di capire chi sono gli «amici» che Abdhel dovrebbe averle mandato incontro per farla entrare in Libia e portarla fino da lui. Eccoli che si avvicinano: sono libici, le chiedono altri soldi per portarla a Sabratha, dove c'è Abdhel. Lei si fida, consegna loro tutto quello che le è rimasto e sale su un furgoncino.

Ed eccolo, finalmente, il fidanzato di sua sorella. La accoglie con un sorriso, la fa entrare in casa. Ma c'è qualcosa di strano. Chi è questa donna, anche lei nigeriana e con una figlia di sedici anni, che sembra vivere con lui e che si comporta come la padrona di casa?

«La prima sera mi fanno alloggiare in una stanzetta vicino alla loro casa. Mi danno acqua e cibo. Mi fanno lavare, riposare. Finalmente dormo su un materasso dopo non so quanti giorni. Il giorno dopo, mio cognato mi viene a prendere e mi dice di seguirlo.»

Poche centinaia di metri ed ecco la nuova vita che aspetta Maryam. Davvero lei non capisce. O forse non riesce a credere che quell'uomo, una persona di famiglia, le abbia teso una trappola del genere.

C'è una casa piena di ragazze. A Maryam sembrano tutte vestite «come ballerine, truccatissime, come delle attrici». Ma non è uno spettacolo, non siamo a teatro. «Metti questi vestiti, cambiati, fatti bella.» Abdhel adesso è diventato improvvisamente brusco e sbrigativo. Maryam finalmente capisce. Rigira tra le mani quegli abiti succinti che non ha mai visto in vita sua e che significano solo una cosa. Una cosa che Maryam non si sognerebbe mai di fare. Lei vuole fare il medico, non la prostituta in un bordello libico.

«Finalmente ho capito dove sono. Ho paura, penso che Abdhel è uscito di testa. Gli dico che è matto, che non indosso affatto i suoi abiti. Mi rifiuto. Lui si arrabbia, comincia a gridare, mi trascina fuori da quella casa, mi mette le mani addosso, mi picchia con violenza. "Tu fai quello che ti ordino io e basta!" Non riesco a crederci. Provo a reagire. "Abdhel, sono io. Ridammi i soldi che mia sorella ti ha mandato per il mio mantenimento in Libia e per trovare una barca per l'Italia."»

Abdhel la guarda con pietà e ride, la sbeffeggia. «I soldi di tua sorella? Quali soldi? Quelli sono finiti da un po'. Devi darti da fare per guadagnarne altri, se no resterai qui per sempre.»

Maryam non ha scampo, ma Abdhel le concede un trattamento speciale. Le «concede» di non lavorare insieme alle altre «ballerine», le riserva una stanza tutta per lei vicino casa. Maryam ha il suo privé, riceve da sola i clienti privilegiati che le manda suo cognato. «Rifiutarli? Impossibile. Ogni volta che ci provavo arrivava Abdhel, mi picchiava a sangue, mi rinchiudeva lì dentro per giorni, senza acqua né cibo. Dio solo sa quanto ho pregato, pianto, urlato. Ma nessuno mi rispondeva, né Dio né nessun altro. Ero prigioniera, ero una schiava del sesso, adesso mi era finalmente chiaro.»

Una mattina, dopo giorni di silenzio e digiuno, Maryam sente una chiave che apre la toppa della sua prigione. È Abdhel, e sembra stranamente mosso a compassione: «Ti libero, ti mando a Sebhra, andrai a lavorare in un ristorante così sarai contenta». Maryam tace, non riesce a credergli, ha paura, ma ancora una volta non ha scelta. Se fosse vero, sarebbe felice. Qualunque cosa pur di non fare la prostituta, pur di non essere venduta a decine di uomini che la stuprano come animali in calore. Si mostra sottomessa, persino grata, riesce a uscire e a trovare un telefono per chiamare sua sorella in Germania. Le racconta cosa è diventato Abdhel, cosa le ha fatto, cosa le sta proponendo di fare. Alaba è ammutolita all'altro capo del telefono: si aspetta ancora che quel suo fidanzato, che crede stia lavorando in un cantiere per mettere da parte i soldi per la traversata, prima o poi la raggiungerà per sposarla. Quando riprende a parlare dà a Maryam un ordine: «Non andare, non ti fidare, se è diventato un porco sfruttatore ti venderà a qualcun altro e non sapremo mai dove finisci. Se ti propone di andare a Sebhra non ci sarà sicuramente nessun ristorante in cui lavorare. Resta lì, fai finta di voler continuare a lavorare per lui e scappa appena puoi».

Maryam ha una paura folle ma decide di stare al gioco. Abdhel le costruisce una stanza su misura. Adesso, oltre a concedersi a clienti «speciali» che fanno di lei quello che vogliono, deve anche vendere droghe. «Sapete cosa vuol dire essere schiava della tratta del sesso? Sei costretta a fare sesso sempre, anche quando hai le mestruazioni, una cosa terribile. Per non rimanere incinta ti danno delle salviette, ma non puoi neanche buttarle dopo l'uso. Le devi lavare e riutilizzare. Quegli uomini, è ovvio, non usano preservativi e nessuno te ne fornisce. E così, alla fine, prima o poi resti incinta.»

Nulla ti salva dalla violenza di quelle bestie, neanche una vita non voluta che cresce nonostante tutto. Anche per Maryam nessuna eccezione. Abdhel la costringe a continuare ad avere rapporti sessuali con i suoi clienti anche se la sua pancia si ingrossa. Fino a quando un giorno si ammala. «Sto male, malissimo, non so che cos'ho, chiedo un dottore, non c'è nessuno. Una mattina Abdhel mi prende, mi carica in macchina e mi lascia davanti a un ospedale. I medici libici mi considerano un'appestata, nessuno mi dice cosa ho. Nessuno mi visita, ogni tanto mi mettono una flebo. Ma almeno sto in pace, lì nessuno mi violenta.»

La «pace», tuttavia, dura poco. Appena Maryam sta meglio, Abdhel si ripresenta in ospedale. La pancia è già evidente, il bambino sta bene. Quella che era una minaccia di aborto sembra rientrata. È ora di tornare al «lavoro». Niente sconti. Maryam continua a ricevere clienti, non si fida di nessuno, neanche di quello che sembra un cliente più umano degli altri. È anche lui nigeriano, danaroso, le fa mille domande sulla sua storia, si offre di portarla via da lì, di aiutarla. «Sembra una persona perbene, ma è un uomo anche lui: come faccio a fidarmi? Ho già imparato che le favole a lieto fine non esistono, figurarsi per una come me. Rifiuto il suo aiuto e continuo a prostituirmi.»

Il giorno più brutto di quell'anno di inferno alla fine si rivela anche il più bello. È mattina presto quando una banda di arabi e nigeriani fa irruzione nella casa di Abdhel. Sono una decina, armati fino ai denti, lo stanno cercando per ucciderlo. Maryam è lì, assiste terrorizzata all'agguato. «Quegli uomini sparano ovunque, Abdhel non so come riesce a scappare. E loro invece di inseguirlo si accaniscono su di me. Mi violentano in sette, nel modo peggiore possibile, uno dopo l'altro, quando se ne vanno mi lasciano per terra, priva di sensi, in una pozza di sangue.»

Quel giorno, del cognato aguzzino, Maryam perde le tracce per sempre. Sono alcuni vicini di casa, arrivati solo dopo aver visto andar via quella banda di uomini armati, che la soccorrono e la riportano in ospedale. Per incredibile che sembri, quel bambino che porta in grembo resiste. È ancora vivo e, dopo due mesi in ospedale, una mattina viene alla luce e sorride a Maryam. È suo figlio, non importa se figlio anche dell'odio, della violenza, dello sfruttamento, della schiavitù. Quel maschietto è suo figlio ed è l'unica cosa preziosa che adesso ha.

Un neonato la salverà

Quel neonato cambia la sua vita. In ospedale un uomo «dagli occhi buoni» le promette aiuto. E questa volta Maryam si fida. Non ha nessun altro posto dove andare con quel bimbo di pochi giorni tra le braccia e non vuole più finire nella rete di Abdhel, che peraltro non sa neanche dove sia o se sia ancora vivo. Segue quell'uomo a casa sua, viene accolta dalla moglie e dai suoi tre figli, la trattano come una di loro. «Fidati adesso, qui sei al sicuro, so io come farti arrivare in Italia. Te lo giuro, raggiungerai tua sorella in Germania.»

«Ma non ho i soldi per pagarmi il viaggio» abbozza timidamente Maryam. Che adesso prova per una volta a credere che le favole a lieto fine esistano e che possa essere lei la protagonista.

«Il mio salvatore», è così che lo chiama. Non vuole neanche dirne il nome per paura di potergli arrecare danno. Sono le cinque del pomeriggio quando il «salvatore» di Maryam torna a casa, le dice dolcemente di preparare il bimbo e le sue cose. «Saluta mia moglie e i bambini. Stai per partire per l'Italia.»

La spiaggia libica: centinaia di persone in silenzio in attesa come lei, il gommone che arriva, la ressa per salire. Maryam non ce la fa. Tiene il suo bimbo in un fagotto incollato al seno, deve proteggerlo, la schiacciano, si fa da parte. «Meglio aspettare, forse domani ci sarà un barcone di legno, è più sicuro» le dice l'uomo a cui sarà grata per tutta la vita. Una notte e un giorno sotto un cespuglio, al margine della spiaggia. Quando sta per fare di nuovo buio ecco la sagoma di una barca di legno che arriva. Sono in cento a salire, Maryam è tra loro, il suo «salvatore» è ancora sulla spiaggia insieme a lei. Rimarrà lì fino a quando il barcone non avrà preso il mare. Non c'è tempo neanche per un abbraccio, per un saluto. È una serata limpida, il mare sembra tranquillo. Maryam si lascia alle spalle la Libia e la schiavitù. La sua terra promessa arriva ventiquattr'ore dopo quando un'altra sagoma che le pare enorme, quella della nave *Aquarius*, viene incontro al barcone che già da qualche ora vaga alla deriva. Maryam piange, tutti piangono. È la salvezza. Quando dal gommone di soccorso le porgono un giubbotto di salvataggio, per la prima volta in sette mesi si stacca dal suo piccolo e lo consegna ai volontari. Il bimbo è il primo a salire. Maryam finalmente sorride. È finita. Almeno per lei.

A terra, in Sicilia, non c'è nessuno che la aspetta; ma almeno non c'è nessuno che le dà la caccia. Maryam può scendere a testa alta, guardando l'orizzonte, dalla scaletta della nave che approda a Pozzallo. Non è così per molte delle sue compagne di viaggio, conosciute sul barcone. Come lei vengono dalla Nigeria, come lei scappano dalla fame e dalla povertà, come lei sono state ingannate e sono finite nelle mani della tratta. Ma, diversamente da lei, non parlano con nessuno degli operatori che le accolgono e scendono a terra con gli occhi bassi, in gruppo, strette l'una all'altra. Vorrebbero essere trasparenti, ma sanno già che – ancora prima che entrino nell'hotspot in cui saranno identificate, accudite, accolte, in cui verranno spiegati loro diritti e doveri – chi le aspetta le ha già adocchiate e pretende silenzio e obbedienza per tutto il tempo che sarà necessario a «recuperarle» e a metterle a servizio sulla strada o nei bordelli d'Europa.

La piccola Milet

Milet ha appena compiuto quattordici anni. Quando l'hanno adescata, nel suo villaggio dell'Anambra, era ancora una bambina. E non aveva mai visto un uomo.

L'hanno portata in una stanza, erano in cinque piccole come lei, le hanno tolto una ciocca di capelli, un ciuffo di peli del pube, il magico rituale del voodoo che lega indissolubilmente per la vita vittime e carnefici.

Da quel momento Milet è diventata schiava della tratta, bambina-oggetto da allevare, istruire, vendere. L'hanno stuprata sul fondo del camion che la trasportava in Libia, giusto per farle perdere la verginità prima di cominciare, giusto per farle imparare a subire la violenza in silenzio. Il suo ciuffo di capelli è in mano ai suoi padroni, dalla sua obbedienza dipende la vita sua e della famiglia rimasta nel villaggio dell'Anambra. I «boga» che la portano in Niger e che la vendono per la prima volta trasportano attraverso il deserto la loro preziosa merce fino alle connection house libiche.

È lì, nei mesi di durissima prigionia, quando finiscono anche le lacrime e si maledice il giorno in cui si è lasciata la capanna del piccolo villaggio inseguendo un vano sogno da babysitter o parrucchiera, che Milet e le tremila ragazze come lei che nel 2017 sono approdate in Italia si arrendono al loro destino. Imparano chi è una *maman*, un *brother*, un *controller*, chi saranno – nella «civilissima» Europa – i loro negrieri, si rassegnano a vivere in schiavitù fino a quando non avranno ripagato il loro debito impossibile: 40-50.000 euro.

«Ci vorrà tutta una vita» pensa Milet mentre sorride inespressiva alla sua connazionale, che a Pozzallo lavora ora come mediatrice culturale, che le parla dolcemente spiegandole che – se vorrà – potrà sottrarsi a questo triste cammino.

Come ha fatto lei, una di quelle che – dopo anni di prostituzione in strada – ha deciso di dire basta, è entrata in un ufficio di polizia, ha denunciato i suoi «padroni», li ha fatti arrestare e ha fatto liberare cinque piccole schiave del sesso come era lei. Ma Milet sorride inespressiva e non risponde. In tasca, la mano stringe forte un bigliettino. Lì sopra c'è un numero da chiamare appena arrivata in Italia. La sua *maman* non aspetta.

Le torture dell'anima

Il trauma di Osedayne

Non è facile per Osedayne entrare in un ambulatorio italiano. Ma sta male, sa di avere bisogno di un medico e alla fine si lascia convincere da un'amica. Osedayne si sente sempre molto debole, la notte fa fatica a dormire per più di qualche ora, si gira e si rigira nel letto (quando ce l'ha), suda, è irrequieta. Crede di aver perso la memoria perché tante volte non si ricorda le cose. E soprattutto è molto preoccupata perché teme di avere l'Aids.

Osedayne ha ventitré anni e arriva da Uga, nel Delta State in Nigeria. Il medico che si ritrova davanti, per fortuna, è una donna, ma anche con lei Osedayne sta zitta. Non sa cosa dire, fa fatica a raccontare, è come se la sua memoria fosse stata annullata. Ci vogliono tanti incontri, tanta dolcezza e pazienza da parte della donna con il camice bianco perché Osedayne cominci ad aprirsi. E a quel punto risulta evidente perché le ferite che si porta dentro dal suo viaggio non potranno rimarginarsi facilmente e perché l'aver toccato il suolo italiano non basterà a restituirle un equilibrio che, se non venisse aiutata, potrebbe perdere per sempre.

«Ho perso la mia figlia di quattro anni – racconta – e da allora non riesco più a riposare durante la notte, perché la mia mente è affollata da quei pensieri. La rivedo sempre mentre è costretta ad assistere alle violenze sessuali che ho subito e soprattutto la rivedo mentre anche lei, una bambina minuscola, subisce violenze da parte di quei mostri che l'hanno uccisa.»

Come altro potrebbe sentirsi una ragazza che a ventitré anni ha vissuto tutto questo? Riuscirà mai a diventare una donna «normale»? A lasciarsi alle spalle i suoi incubi, la sua orribile e tragica vita precedente, e a superare la morte di una figlia violata e uccisa a soli quattro anni? E quante sono le donne nelle sue condizioni che sbarcano in Italia, da quei gommoni che vomitano superstiti devastati nell'anima da ferite che nessuno proverà nemmeno a curare?

Osedayne è dovuta fuggire dalla sua città natale dopo essere stata ripetutamente minacciata di morte dalla famiglia di un uomo che era stato ucciso da suo marito. «Lui è riuscito a fuggire – spiega – e non l'ho mai più rivisto, non è mai ritornato a casa. Ogni giorno, però, davanti alla porta trovavo quella gente che minacciava di uccidere me e anche la mia bambina. Non avevo scampo, non avevo alcuna possibilità di difendermi, non potevo denunciare niente a nessuno perché nel mio paese la legge non esiste, esiste solo la legge delle tribù.»

Per sopravvivere, e soprattutto per salvare la sua piccola bambina, Osedayne decide di tentare la strada che già tanti altri hanno percorso: fuggire con sua figlia verso l'ignoto, verso la Libia, da dove le hanno detto che è facile raggiungere l'Europa.

E invece non è per niente facile. Tutto è complicato fin dall'inizio, fin da quando deve attraversare il deserto tra il Niger e la Libia. «Dopo alcuni giorni di viaggio a bordo di un camion con altre decine di disperati come me, siamo stati fermati da uomini armati che ci hanno costretti a scendere. Hanno rubato tutto di quel poco che avevamo: qualche soldo, i viveri, le bottiglie d'acqua. Ci hanno tenuti per giorni in mezzo al deserto – fuoco di giorno, gelo di notte – senza mangiare né bere.» Osedayne si blocca, non riesce più a continuare. Ha bisogno di una pausa, comincia ad agitarsi perché forse non vorrebbe ricordare e raccontare ancora. La donna con il camice bianco non insiste, lascia che si rilassi un po'. E, piano piano, lei riprende a parlare.

«Mi hanno portata in disparte, lontano dagli altri prigionieri, ma io non volevo lasciare mia figlia da sola e così l'ho portata con me. Non avrei dovuto farlo, ma non potevo immaginare quello che mi sarebbe accaduto e, soprattutto, quello che sarebbe accaduto a mia figlia. Erano in tre, mi hanno violentata ripetutamente, uno dopo l'altro, e tutto questo davanti a lei. Stava lì, mi guardava e gridava: "Mamma, mamma!", come se volesse aiutarmi. Ma che poteva fare, la mia piccola figlia? Lei piangeva, ma io ero impotente sotto quegli uomini, non potevo abbracciarla, non avevo la forza di tranquillizzarla, di dirle che non stava succedendo niente. Ma lei, la mia piccola, era lì e anche se aveva solo quattro anni aveva capito che quegli uomini mi avevano fatto del male.»

Un pianto dirotto blocca il racconto di Osedayne. È evidente che per lei proseguire è uno shock troppo grosso. Il colloquio con il medico si interrompe. «Tranquilla, non devi continuare se non te la senti. Ci vediamo tra un paio di giorni» le dice quella donna così gentile. Osedayne, sollevata, si alza, mormora un saluto e gira le spalle. Ma due giorni dopo non si presenta. Ci vorranno due settimane perché si renda conto che, tutto sommato, parlare con quella dottoressa può farle bene.

Ed eccola che ricomincia ad aprirsi, con gli occhi bassi, i suoi sussurri sono a malapena udibili ma rimbombano come tuoni in quella stanzetta dell'ambulatorio. Le due donne, una di fronte all'altra, trattengono entrambe il respiro. «Dopo aver violentato me, quei "cannibali" hanno violentato anche la mia bambina e io ho dovuto assistere, costretta, impotente, a quello che le facevano. Piangeva, gridava: "Mamma, mamma!", implorava aiuto. Ma che potevo fare? Quelli mi tenevano legata, ridevano e mi costringevano a guardare. Avrei almeno voluto non vedere, chiudevo gli occhi, ma le grida di mia figlia mi costringevano a riaprirli... è stato orribile, atroce. Avrei voluto morire, ma non morivo, ero ancora viva e l'unico pensiero era riuscire a salvare la mia bambina, portarla via da quell'inferno sperando che con il tempo potesse dimenticare.»

Osedayne era convinta che il peggio fosse ormai passato, che dopo tutto ciò che lei e la sua bambina avevano dovuto subire quei mostri non le avrebbero più sottoposte ad altre violenze. Ma la sua era una pura illusione.

Lei e la figlia erano di nuovo in viaggio, su un camion, lungo una pista nel deserto. Avevano già superato il confine con la Libia. Qui i ricordi della ragazza si annebbiano, sembrano come svanire in una cappa di orrore che le toglie il respiro: «Mia figlia camminava a stento, il suo sguardo era smarrito. Non mi chiamava più "mamma". Per lei, probabilmente, ero colpevole di non averla aiutata. Quegli animali la picchiarono ancora per farla camminare più in fretta, ma la mia bambina era stremata. Si era ammalata, piangeva di continuo, ma le sue lacrime davano fastidio a quegli uomini. Uno di loro, di punto in bianco e senza dire una parola, me la strappò dalle mani, la portò fuori dalla mia vista e l'abbandonò nel deserto. Non l'ho più rivista, l'hanno fatta morire così».

Dopo alcuni mesi, prostrata e senza più voglia di vivere, Osedayne viene aiutata da un'amica a trovare posto su un barcone, carico di altri disperati, che dopo tre giorni di navigazione viene intercettato da una motovedetta della guardia costiera italiana a poche miglia da Lampedusa.

Il suo dramma è così racchiuso in una fredda relazione medica: «La signora presenta importanti conseguenze dei traumi psicologici e fisici subiti. La morte traumatica della piccola figlia durante la fuga aggrava la condizione di smarrimento e di terrore in cui versa tuttora la paziente. È vittima di persecuzione nel proprio luogo d'origine, dove è stata violentemente minacciata di morte, sia perché veniva ritenuta a conoscenza del luogo dove si nascondeva il marito sia perché la famiglia dell'ucciso intendeva così vendicare la morte del congiunto. È vittima di tortura perpetuata attraverso violenza sessuale, fisica e psicologica. Presenta una severa sintomatologia psicofisica compatibile con sindrome post traumatica da stress». Uno dei tantissimi referti stilati dentro quella che viene definita «la stanza degli orrori».

Gli «altri» medici

Il locale è semivuoto, ha solo un tavolo e due sedie, una di fronte all'altra; è una stanza simile a poche altre degli sparuti ambulatori di Mct (Medici contro la tortura), Medici senza frontiere, Centro Astalli, sparsi in alcune regioni italiane, dove si assiste e si tenta di curare quelle migliaia di migranti vittime di torture e abusi di ogni genere, che con enormi difficoltà riescono a varcare quelle porte. Sono soprattutto donne, ma ci sono anche uomini e tanti ragazzini minorenni. Molti non ricordano più neanche come si chiamano e da dove vengono, altri hanno segni evidenti di malessere, hanno difficoltà a parlare. In realtà, quasi sempre si rifiutano di ricordare quello che sembra essere ormai alle loro spalle ma che ha marchiato in maniera indelebile la loro psiche e la loro pelle.

Colloqui, quelli tra medici e questi particolarissimi e difficilissimi pazienti, molto difficili da instaurare e portare avanti, perché spesso, nei ricordi delle vittime di tortura, compaiono anche altri «medici»: quelli della Libia, spesso presenti nei centri di detenzione mentre i carcerieri sottopongono i prigionieri a sevizie inumane. Dottori o pseudotali che indicano ai torturatori i punti deboli delle vittime, che le rianimano dopo che hanno perso i sensi così che la mattanza possa proseguire, su quei corpi inermi che invocano inutilmente pietà. Sono questi «altri» medici che decidono quando interrompere le violenze, che stabiliscono il limite da non oltrepassare per non uccidere i prigionieri, così da poter proseguire con le torture.

Nell'ambulatorio italiano, il medico in camice bianco rivolge domande ai suoi pazienti, ma anche il medico-torturatore rivolgeva domande. C'è una somiglianza simbolica tra ciò che fa il medico e ciò che ha fatto il torturatore. Per questa ragione spesso si riscontrano delle difficoltà, soprattutto nei primi incontri. Ci vogliono settimane perché i migranti torturati si aprano e raccontino ciò che hanno subito. È capitato, ricordano alcuni medici (quasi tutti volontari impegnati nel difficile compito di donare un minimo di serenità e sollievo alle vittime di questo genere di violenze), che alcuni pazienti, durante le visite cardiologiche, abbiano dato in escandescenze: la sola vista degli elettrodi scatenava in loro violentissime reazioni, rievocando le torture dei loro aguzzini con le scariche elettriche. Documenti e registri clinici di questi ambulatori sparsi per l'Italia disegnano un quadro numericamente ma anche qualitativamente allarmante e raccontano il calvario di centinaia di migranti con patologie che rasentano anche la follia.

Un aborto al sesto mese di gravidanza provocato dalle bastonate sulla pancia, lo shock per il bambino perso, la schiavitù in Libia. Questo è ciò che racconta Maryam, ghanese di ventisei anni, dopo aver varcato la soglia della «stanza degli orrori». Parla solo inglese e non vuole rimanere sola nella stanza con il medico; insieme a loro c'è il mediatore culturale. È in Italia ormai da tre mesi, in un centro di accoglienza in provincia di Siracusa. Hanno dovuto operarla per asportarle una grossa ciste formatasi sopra il pube, «eredità» del suo terribile viaggio. La sua traumatica storia inizia tre anni prima, quando Maryam è costretta a fuggire dal suo villaggio dove vive con il marito dopo l'assassinio del sovrano della tribù, caduto vittima delle lotte tra fazioni. È durante una di quelle battaglie che Maryam è stata violentemente picchiata con bastoni e calci proprio sulla pancia mentre era già al sesto mese di gravidanza. Maryam sopravvive al massacro ma è costretta ad abortire ed è costretta a tornare a casa. Lì rientra a prenderla il marito, partono per la seconda volta insieme e questa volta riescono a raggiungere la Libia. Pur di mettere insieme i soldi necessari al viaggio verso l'Italia, lavorano entrambi come schiavi, umiliati e sfruttati. Ma almeno riescono a rimanere insieme, e a salire su un gommone che viene poi intercettato da una nave umanitaria. Adesso vivono in Norvegia, dove Maryam può contare sull'assistenza del servizio sanitario e su una psicologa che segue il suo caso.

Seku, liberiano di ventiquattro anni, ha il volto devastato da cicatrici e ustioni di «grado severo» ma non sono soltanto quelle le ferite che lo segnano. Altre cicatrici, invisibili ma ben più gravi, lo devastano dentro la sua testa, nei suoi pensieri e nei suoi ricordi, costringendolo a notti insonni e agitate. Mentre racconta, è come se Seku svuotasse la sua memoria. Parla della cattura da parte dell'Atu (Anti-Terrorist

Unit), che lo accusava di avere attentato alla sicurezza dello Stato. «Per cinque giorni sono stato sottoposto a interrogatori e sevizie, mi hanno versato in faccia una sostanza liquida, probabilmente soda caustica. Ricordo di aver perso conoscenza e poi di essermi ritrovato in un ospedale dove sono rimasto ricoverato per circa sette mesi, sottoposto a diversi interventi chirurgici ricostruttivi, uno dietro l'altro.» Ma quei segni sul suo volto non sono scomparsi.

E poi c'è Babatunde, nato a Sheariya, nel Darfur. Un team di psicologi tutto per lui lo segue con difficoltà da due mesi. Babatunde soffre di cefalea, stati d'ansia, disturbi del sonno, perdita di memoria, difficoltà a concentrarsi e confusione mentale. Appartiene all'etnia Berti e ha vissuto nel suo villaggio, Sheariya, fino a quando non è stato fatto prigioniero da alcuni membri di un'altra etnia. È il giorno della carneficina: il villaggio viene raso al suolo, decine di persone massacrate, anche la sua famiglia. Unico sopravvissuto, non gli resta che fuggire e dopo alcuni mesi raggiunge la Libia, dove viene fatto prigioniero da una banda di uomini armati fino ai denti.

Racconta: «Sono stato tenuto prigioniero e torturato per quasi cinque mesi, sempre in isolamento. Ogni giorno, durante le ore più calde, mi portavano fuori e mi lasciavano sotto il sole in una zona desertica insieme ad altri; poi mi riportavano dentro. Ma una notte mi trascinarono fuori con altri due prigionieri, ci colpirono con i calci dei fucili e delle pistole. Ho visto morire gli altri due a causa delle torture e delle percosse. Mi sono salvato solo perché i miei carcerieri, dopo avermi violentemente picchiato in testa con il calcio di un fucile, hanno pensato che fossi morto. Mi sono risvegliato a terra in una pozza di sangue. Ma ero vivo e dopo alcuni giorni, curato da un mio connazionale, sono riuscito a raggiungere una spiaggia da dove partivano i barconi. Con quei pochi soldi che avevo recuperato grazie ai miei familiari sopravvissuti, sono finalmente riuscito a lasciare quell'inferno e raggiungere l'Italia».

Nella stanza del silenzio

Una delle donne in camice bianco che da più di dieci anni prova a entrare in contatto con chi sopravvive e arriva sulle nostre coste con l'anima devastata è Giuppa Cassarà, responsabile dell'ambulatorio Vittime di tortura del Policlinico di Palermo e specialista in Medicina delle migrazioni. «Quello che è accaduto e che sta accadendo ancora in Libia – afferma – è orribile e quasi incredibile. Le storie che abbiamo raccolto dal 2005 fino a ora, dalle donne, dai ragazzini e dagli uomini che sono riusciti a raggiungere l'Italia, sono sconvolgenti e lasceranno per sempre i segni in queste persone, che sono state vittime di torture e sevizie di ogni genere.»

In quella «stanza del silenzio» sono passati centinaia e centinaia di migranti che, a fatica, hanno raccontato le loro odissee, l'inferno in cui hanno vissuto, nei loro paesi d'origine e soprattutto in Libia, dove molti sono stati costretti a rimanere anche per anni prima di trovare una barca o un gommone per raggiungere l'Italia.

«Sono soprattutto gli uomini che parlano, che raccontano di più. Le donne si aprono più raramente, hanno vergogna, quasi tutte sono incinte o hanno appena partorito i figli dei loro violentatori e dei loro carnefici. Le torture sessuali non riguardano soltanto le donne, ma anche i ragazzini, e gli uomini sono sottoposti a veri e propri atti di sadismo. E la tortura non ha il solo fine di estorcere denaro ai loro familiari rimasti in patria, ma è il simbolo della capacità di annientarli fisicamente e soprattutto psicologicamente.

In Libia sono considerati, come raccontano le vittime che abbiamo ascoltato, come degli animali. Spesso mi dicono: "Non si può raccontare quello che mi hanno fatto, posso raccontarti quello che resta, le ferite che vedi e quel che accade dentro le nostre teste, il ricordo dei figli uccisi davanti ai nostri stessi occhi. Ti posso raccontare che a fatica riusciamo a bere e a mangiare, perché questo ci ricorda come i libici ci 'assistevano'. Lo sai che quelle bestie urinavano su tutti i nostri pasti e ci costringevano a mangiare anche i loro escrementi? Ci trattavano come vermi e noi ci sentivamo peggio degli scarafaggi. Ci tenevano in stanze e sotterranei dove non c'era spazio neanche per respirare. Una volta al giorno ci lasciavano uscire, da una fessura, per meno di un'ora; altri, che venivano puniti senza nessuna ragione, stavano per giorni e giorni sotterrati in buche in mezzo al deserto sotto le intemperie, il caldo opprimente di giorno, il freddo di notte e, venivano 'imboccati' con quei pasti fatti di escrementi. Molti sono morti, pochi altri sono sopravvissuti".»

E adesso la situazione, se possibile, è persino peggiorata. «La pressione da parte dell'Europa e dell'Italia, gli sforzi per tenere queste persone in Libia e non farle partire per l'Italia ha un effetto devastante. Noi stiamo pagando per tenerli in quell'inferno, per lasciarli nelle mani di bande di criminali, soprattutto di una organizzazione, quella degli Asma Boys che, dai racconti dei nostri pazienti, sono definiti dei veri e propri aguzzini, gente senza scrupoli, ragazzi armati che hanno tra i quindici e i vent'anni e che sono il terrore dei migranti che finiscono nelle loro mani.»

Ma se si sa abbastanza, fin troppo, di quello che i migranti hanno dovuto subire a terra, si sa invece molto poco di quel che accade durante le traversate nei gommoni o nei barconi che tentano di raggiungere Lampedusa. «Quando siamo in mezzo al mare non siamo né vivi né morti» raccontano alcuni di loro. «Sono come in una situazione di limbo – spiega Giuppa Cassarà – perché durante il tragitto non hanno punti di riferimento, né case né luci. Spesso non sanno neanche dove si trovano o dove sono diretti e le persone meno consapevoli del viaggio sono le ragazzine che non sanno neanche dov'è l'Italia, l'Europa. Chi ce la fa, spesso non sa dove è approdato.»

È difficile ed emotivamente coinvolgente restare ad ascoltare queste persone così fragili e vulnerabili, conquistare la loro fiducia, entrare in sintonia con loro e riuscire veramente a fare qualcosa per il loro disagio psichico. Ma Giuppa Cassarà non rinuncerebbe per niente al mondo a questa esperienza professionale tanto complessa: «Queste persone mi hanno lasciato e mi lasciano sempre doni incredibili. Alcuni nigeriani hanno cresciuto i miei figli ed è una cosa che ti cambia la vita, più che viaggiare, più che andare sulla Luna».

Don Zerai, la voce al di là del mare

Una voce di aiuto e conforto

In quindici anni ha tirato fuori dal Mediterraneo 150.000 persone, un numero enorme. Anche perché don Mussie, come lo chiamano tutti, non è esattamente un soccorritore di quelli che corrono in aiuto dei migranti sui barconi. Il suo numero di telefono, sempre lo stesso nel corso degli anni, lo conoscono in migliaia. E lo chiamano prima di partire o durante la traversata per chiedere aiuto. Lo chiama chi sta per partire, chi è in mezzo al mare, e lo chiama chi è rimasto a casa – padri, madri, mogli, sorelle – per sapere se i loro cari sono arrivati dall'altra parte del Mediterraneo.

Don Mussie Zerai è un sacerdote cattolico eritreo, ma vive e opera in Europa da moltissimi anni; e nelle varie sedi in cui la Chiesa lo ha portato non ha mai smesso di lavorare per la sua gente, di essere il loro punto di riferimento. Se fino a qualche anno fa il suo numero di cellulare passava di mano in mano su bigliettini di fortuna o veniva mandato a memoria, da qualche tempo è segnato sulle pareti di un carcere libico: migliaia di migranti africani che vi restano rinchiusi per mesi, sottoposti alle peggiori torture, adesso hanno individuato in questo sacerdote, cappellano della comunità eritrea in Svizzera, la persona a cui appellarsi per tirarli fuori da quel girone dantesco. Perché di centri di detenzione come questo, in mano ai trafficanti libici, ce ne sono decine, e nessuna ong o delegazione riesce a metterci piede. Ma il grido disperato di aiuto, che riecheggia in un silenzio assordante, a volte riesce faticosamente a filtrare fuori da quelle fortezze nel deserto.

«Un gancio in mezzo al cielo»: così don Zerai ha sempre immaginato quel suo cellulare, che squilla senza sosta da quindici anni per portargli la voce invocante di suoi connazionali, o di migranti di qualsiasi nazionalità. Lo chiamano per sollecitare i mezzi di soccorso, affinché li raggiungano in mezzo a quel mare che minaccia di porre fine alla loro travagliata vita. Lui riceve la richiesta, chiede dettagli e, se possibile, indicazioni sulla posizione, e gira tutto alla centrale operativa della guardia costiera. Non importa se la sua attività gli è costata un avviso di garanzia da parte della procura di Trapani, nell'ambito dell'inchiesta sulle presunte connessioni tra gli equipaggi di alcune navi umanitarie e i trafficanti di uomini: lui risponde a tutti e continua a prodigarsi per portare in salvo quelle persone, dovunque si trovino. Da quando le chiamate sono cominciate ad arrivare anche dai lager libici, a don Zerai si stringe il cuore ogni volta che risponde: «Più che parole sento pianti e grida di dolore. Uno strazio».

Pianti e grida come quelli degli oltre mille eritrei ed etiopi che da mesi sono sepolti vivi in uno dei lager blindati dai trafficanti: quello di Berk, vicino a Sabha, la capitale del Fezzan, una delle zone in cui dalla fine del 2017 sono stati più aspri gli scontri tra le milizie. Nell'ultimo dei centri di detenzione non ufficiali che si aggiunge alla già fin troppo vasta mappa delle prigioni libiche, il ras è un sudanese, si chiama Azi Aziz e sarebbe strettamente legato agli amministratori della zona. Una zona strategica, poiché è lì che si incrociano i cammini di chi arriva dal Sudan, dal Ciad, dal Niger, ed è diretto verso le zone costiere. Le invocazioni di aiuto arrivate a don Zerai raccontano una realtà molto simile a quella degli altri lager conosciuti.

Gli orrori del lager di Berk

«Lì dentro – spiega don Zerai – ci sono almeno un migliaio di persone. I trafficanti le hanno sequestrate mesi fa, hanno chiesto alle loro famiglie altri soldi per lasciare che proseguissero il viaggio. Molti hanno pagato dopo indicibili violenze, ma l'altra metà non ha nessuno che possa inviare ulteriore denaro. E quindi, nella migliore delle ipotesi, dopo mesi di violenze, finiscono con l'essere venduti come schiavi. Oppure muoiono di fame, di torture, di malattie.» Come è già successo ad almeno una decina di persone.

«Aiutateci» è l'appello dei prigionieri. «Negli ultimi mesi sono morti sei nostri compagni, uccisi da pestaggi, dalle torture di guardie feroci, dalla fame, dalle malattie. Qui non possiamo curare neanche le ferite che ci provocano, ci danno pochissimo cibo e pochissima acqua.»

È da questo lager che arrivano gli uomini e le donne che ogni mattina vengono venduti al mercato degli schiavi di Sabha, proprio quello dove sono entrate le telecamere della Cnn.

Ma dopo le tante dichiarazioni di indignazione e le promesse di intervento arrivate da ogni parte del mondo, tutto è ripiombato nel silenzio e il telefono di don Mussie Zerai ha ricominciato a squillare. «In Libia – riferisce il sacerdote – tutti sanno di quella prigione, sanno chi è il boss, sanno che è protetto dal governo locale e dalle tribù della zona e quindi nessuno interviene.»

I migranti prigionieri hanno terrore solo a pronunciare il nome di Azi Aziz. Come agiscono i suoi uomini lo racconta Mehred, un ragazzo che da quell'inferno ha avuto la fortuna di uscire vivo. «Io sono stato sequestrato insieme ad altri quaranta eritrei mentre ero su un camion che stava attraversando il deserto. Eravamo al confine tra Sudan, Ciad e Libia. Un gruppo di gente armata ha fatto fermare il camion, ci ha fatti scendere e ci ha sequestrati. Dopo alcuni giorni ci hanno venduto a un eritreo. Il nostro prezzo? 700 dollari a testa. L'acquirente ci ha portato in un altro centro di detenzione e siamo rimasti chiusi per quattro mesi. La nostra libertà costava 3500 euro, cinque volte di più del prezzo a cui eravamo stati acquistati: un vero affare per quella gente. Chi poteva pagare lo ha fatto; ma io, per esempio, non riuscivo a trovare i soldi, la mia famiglia a casa non aveva modo di racimolare una somma del genere. A quel punto, l'eritreo ci ha venduto a un altro.»

E quell'«altro» era il temibile Azi Aziz, che ha subito alzato il prezzo della libertà per quel migliaio di disperati sepolti vivi nella fortezza governata dai suoi aguzzini. «Per liberarci ci hanno chiesto 7500 dollari, più del doppio di quanto ci aveva chiesto l'eritreo. Ma se non avevamo avuto i soldi per pagare l'eritreo, come potevamo pagare Azi Aziz? Lui è un vero boss, un uomo feroce, la sua organizzazione sequestra e rivende migliaia di persone. Quando siamo finiti nel suo carcere c'erano già centinaia di persone e le condizioni di vita erano disumane. Tanto che alcuni non ce l'hanno fatta e si sono suicidati.»

Mehred ha pudore nel raccontarlo, ma il ricordo delle violenze subite è talmente vivo che non riesce a trattenersi. «La mia fidanzata, che fino a quel momento ero riuscito a tenere con me al sicuro, appena entrata a Berk è stata violentata dagli uomini di Aziz ed è rimasta incinta. Il bambino è nato in carcere ma lei pochi giorni dopo è morta. Non so che fine abbia fatto quel bambino. Lei e tutte le ragazze eritree erano le loro vittime preferite, forse anche per motivi religiosi. Noi siamo cristiani e loro musulmani; e nelle sevizie, negli stupri e nelle violenze, noi eritrei abbiamo sempre avuto un trattamento particolarmente crudele.» Mehred ha trascorso più di un anno nel lager di Berk, fino a quando è riuscito a ricevere poco più della metà della somma che Aziz gli aveva chiesto e alla fine lo hanno lasciato andare. Il gommone, il mare, la traversata, le luci di una nave umanitaria, l'Italia.

La voce di Mehred è solo una delle tante che ora, attraverso don Zerai, si rivolgono all'Europa perché non dimentichi le migliaia di persone «invisibili» chiuse nelle carceri libiche.

«Le voci delle migliaia di ragazzi e ragazze sequestrati in Libia non possono restare inascoltate. L'Europa, il mondo civile ha il dovere di liberarli. Tutti sanno dove sono queste carceri, sanno chi le comandano, chi sono i loro complici. Lo ha denunciato anche l'Onu. Se l'Europa non interviene, si rende complice degli aguzzini che torturano, violentano, uccidono migliaia di esseri umani come noi.»

Berk, Bani Walid, Zawhia, Surman, Gharyan. E il famigerato e temutissimo ghetto di Alì a Sabha, il cui orrore è stato reso plasticamente da una drammatica fotografia negli atti di un'inchiesta aperta dalla Direzione distrettuale antimafia di Palermo e pubblicata da «la Repubblica»: quella di un giovane migrante che svetta sulla massa di persone ammucchiate le une sulle altre, in piedi, con le mani alla testa, una smorfia di disperazione e di terrore per essere stato chiamato dai carcerieri del boss, il feroce Alì. La mappa dei centri di detenzione non ufficiali in Libia è in continuo aggiornamento, disegnata dalle testimonianze di chi riesce a uscirne vivo e racconta l'inimmaginabile. Ogni giorno camion e pick-up arrivano e scaricano centinaia di persone sequestrate lungo la strada. Il numero dei rapimenti – se ha ancora senso chiamarli così – ha ormai abbondantemente superato i tre al giorno. E in ogni gruppo sequestrato ci sono almeno una cinquantina di persone.

I reduci dal ghetto di Alì

Il «ghetto di Alì» è una fortezza nel deserto nel Sudest della Libia, a Sabha: mura alte e filo spinato, miliziani armati di mitragliatrici lungo tutto il perimetro, e dentro due gironi danteschi, uno per gli uomini e l'altro per donne e bambini. Da mesi, come sappiamo, vi è tenuto prigioniero un migliaio di migranti, sottoposti a violenze di ogni genere e a torture, filmate o effettuate in diretta telefonica, per costringere le loro famiglie a versare altri soldi agli aguzzini. Il mare, il miraggio di quella costa dove sono diretti per imbarcarsi su un gommone fatiscente o su una qualsiasi carretta che li porterà in Italia, è ancora molto ma molto lontano da lì, quasi ottocento chilometri.

È la prigione «privata» dei trafficanti di uomini, impenetrabile e feroce, quella in cui le milizie delle organizzazioni criminali che portano in Europa centinaia di migliaia di migranti torturano, violentano, stuprano, uccidono senza pietà: qualsiasi cosa pur di incassare – su banche estere – altri soldi, un riscatto per la vita di uomini, donne e bambini rapiti nel deserto lungo la rotta del Centro Africa, Costa d'Avorio-Burkina Faso-Niger-Guinea Bissau, o portati lì con l'inganno da presunti mediatori del viaggio. Chi può paga e, se resiste, nel giro di qualche mese riuscirà a uscire, ma con segni indelebili sul corpo e nella mente; chi non può pagare viene ucciso. Chi prova a scappare viene stroncato da colpi di mitragliatrici.

È un altro terribile racconto quello che arriva da chi ha vissuto il lager di Sabha e rievoca il suo viaggio dal momento in cui, senza sapere perché, si è ritrovato prigioniero delle milizie del «generale». «Eravamo in mezzo al deserto – racconta uno dei prigionieri sopravvissuti – in una grande struttura, recintata con dei grossi e alti muri in pietra, costantemente vigilata da diverse persone di diverse etnie, in abiti civili e armate di fucili e pistole. La struttura è suddivisa in tre blocchi: nel mio blocco c'erano duecento migranti di varie etnie... Giunti nel ghetto, i membri dell'organizzazione ci dissero che avremmo dovuto fargli pervenire altri 1200 euro per essere liberati. Ogni giorno telefonavano alla mia famiglia e mentre avanzavano le richieste di denaro mi torturavano e seviziavano in maniera tale da fargli sentire le mie urla strazianti. Durante la mia permanenza nel ghetto, da dove è impossibile uscire, ho visto uccidere persone. So che mio cugino e altri hanno provato a scappare e che sono stati ripresi e ridotti in fin di vita. Temo che anche lui sia stato ucciso.»

Un altro migrante spiega l'inganno con cui uomini e donne che hanno già pagato per il viaggio verso l'Italia finiscono nel ghetto. «Sono partito dalla Costa d'Avorio e in Niger ho conosciuto un facilitatore. Lo abbiamo pagato per raggiungere Tripoli. Eravamo circa cento. Nonostante gli accordi, ci condussero a Sabha, nel deserto, dove arrivammo quattro giorni dopo. Ci dissero che saremmo rimasti lì solo un paio di giorni, ma eravamo prigionieri. All'interno della grande recinzione ci hanno perquisiti e spogliati di qualsiasi nostro avere. Vi era un grande muro in pietra alto tre metri, all'interno quattro container, tre per gli uomini e uno per le donne. Eravamo quasi ottocento persone. Il carcere era vigilato ininterrottamente da guardie armate di fucili mitragliatori. Porto ancora addosso i segni delle violenze fisiche subite, in particolare delle ustioni dovute all'acqua bollente che mi versavano addosso. Sono rimasto lì per cinque mesi fino a quando i miei familiari non hanno saldato su MoneyGram la somma richiesta per riscattare la mia libertà.»

E ancora, la tragica testimonianza di chi ha fornito ai magistrati di Palermo la prima e unica foto del ghetto trapelata finora. «Era una grande stanza alla quale si accedeva attraverso un'unica porta, due finestre e un solo bagno per più di cinquecento persone. Ci alzavamo in piedi, poi ci sedevamo, uno con le spalle sulle gambe dell'altro, in fila, rannicchiati. Ogni giorno, a turno, chi veniva chiamato doveva alzarsi e veniva torturato davanti a tutti, mentre uno dei carcerieri scattava foto e telefonava ai familiari e faceva sentire loro in diretta le urla strazianti per poi chiedere il riscatto per la liberazione.»

La sua fotografia, per la prima volta, fa venire alla luce l'incubo e il terrore di ogni migrante che entra in Libia, l'intero orrore delle violenze inflitte dai feroci miliziani al comando del misterioso «generale Alì», al quale ora – grazie anche alle coraggiose testimonianze di sette delle vittime del campo di prigionia riuscite poi ad arrivare in Italia – la Dda di Palermo sta dando la caccia. «Riuscire anche solo a individuare il generale Alì in Libia è un'impresa – dicono i sostituti procuratori Geri Ferrara e Giorgia Spiri – e contiamo molto sulla collaborazione dei nostri servizi di sicurezza.»

Quella fotografia consegnata agli inquirenti è il punto di partenza della caccia all'uomo, coordinata dal procuratore aggiunto Marzia Sabella. A collaborare con la giustizia italiana c'è anche Hamed Bakayoko, il migrante che ha studiato legge nel suo paese e che, giunto a Lampedusa, è stato il primo a sporgere denuncia alla polizia.

Impossibile, per chi è stato prigioniero di quel ghetto, dimenticare la scena ritratta in quello scatto. «Quando volevano picchiarci ci riunivano tutti quanti, poi prendevano la persona che volevano torturare e iniziavano il pestaggio. Questo ragazzo, disperato con le mani tra i capelli, aveva cercato di scappare, è stato ripreso ed è stato picchiato violentemente e poi è morto.» Il nigeriano Isaac Yallai fornisce la seguente descrizione del generale Alì: «È arabo, ha i capelli molto lunghi e cammina come se avesse avuto un incidente, piegato in avanti. Non so che età abbia, non è sicuramente giovane, non vecchissimo».

Alì vive in una villa sulla collina che guarda il ghetto, una vera e propria fortezza al limite del deserto difesa da filo spinato e miliziani armati di kalashnikov. I prigionieri sono stipati in quattro sezioni, tre per gli uomini e una per le donne, torturati fino allo sfinimento, costretti a chiedere alle famiglie riscatti fino a 5000 euro per tornare in libertà. Qualcuno, come Efods Idehen, si è salvato così: «Stavo molto male, gli ho detto che non avrei potuto continuare a rimanere in quel posto, loro mi hanno coperto con delle lenzuola e mi hanno buttato nell'immondizia». Qualcun altro è stato costretto ad assistere all'omicidio del fratello e a chiamare in viva voce i genitori per chiedere altri soldi implorando di pagare il riscatto almeno per la sua liberazione. «Quel ragazzo aveva solo sedici anni, lo hanno legato sia mani che piedi e hanno cominciato a picchiarlo violentemente fino a quando non è morto, poi lo hanno buttato fuori dalla finestra. A quel punto hanno fatto chiamare il fratello per parlare con la madre chiedendo altri soldi.»

C'è un orrore indelebile negli occhi di questi coraggiosi sette migranti sopravvissuti che, con fermezza, hanno ripetuto i loro tremendi racconti in aula a Palermo, a porte chiuse, di fronte a due dei loro carnefici, tra cui «Rambo», un vero e proprio gigante che gli agenti di polizia penitenziaria sono costretti a sedare per gestire le sue continue esplosioni di rabbia in carcere e che hanno riconosciuto in un drammatico incidente probatorio.

Era lui, in particolare, il carceriere che sottoponeva le donne a stupri e violenze. «Le ragazze – racconta Hamed Bakayoko – non avevano scelta. Non avevano accesso al cibo e l'unico modo per poter mangiare era "dormire" con lui.» Le più «fortunate» venivano scelte da Alì in persona, portate fuori dal campo e costrette a rapporti sessuali negli alberghi di Sabha, poi «vendute» come prostitute.

Si muore picchiati fino allo sfinimento ma a centinaia, soprattutto donne e bambini, entrati nel ghetto e non «riscattati» muoiono di fame. Efods ne ha visti tanti: «Ci davano soltanto due cucchiai di pasta al giorno, quindi c'erano persone che morivano di stenti».

Appello alle missioni umanitarie

In prigioni come questa le delegazioni di Unhcr e Oim, che da qualche mese hanno ottenuto l'accesso a 22 dei 29 centri di detenzione ufficiale da cui riescono a tirar via qualche migliaio di rifugiati in condizioni di particolare fragilità, soprattutto donne e bambini allo stremo, non riescono neanche a mettere piede. Il numero dei detenuti è stimato tra i 15.000 e i 20.000. Di centri così ce ne sono almeno una ventina, molti dei quali ancora totalmente sconosciuti: centri totalmente in mano a milizie più o meno conosciute, più o meno tollerate dal governo, più o meno controllate da quelle stesse tribù che da una parte hanno stretto accordi con l'Italia per il controllo delle frontiere del Sud e dall'altra prendono la loro parte dei lucrosi traffici di armi e droga gestiti dalle stesse organizzazioni che comprano e vendono uomini, donne e bambini. Ce ne sono persino nella Libia nordoccidentale, a poche decine di chilometri dalla capitale, una parte del paese che sulla carta è controllato dal governo ufficiale di al-Sarraj, quello che ha firmato gli accordi con il governo italiano, quello che ha promesso e garantito il suo intervento per assicurare condizioni di detenzione umana ai migranti in transito, quello che «riaccoglie» le migliaia di persone intercettate in mare dalla guardia costiera libica, riportate indietro e rituffate nell'inferno di queste prigioni.

Qui, persino i centri di detenzione ufficiali controllati dal governo sono al limite della disumanità. Lo racconta, con chiarezza, chi sta tra gli inviati dell'Onu e delle organizzazioni a cui è consentito l'accesso: «Aiutateci a venirne fuori. Oggi ci hanno dato da mangiare e dell'acqua da bere e per lavarci solo perché sapevano che dovevate venire voi, ma appena le porte si saranno richiuse torneranno a trattarci come bestie. Non parliamo con nessuno, nessuno ci dice perché siamo qui e quanto dovremo restarci. Siamo dimenticati da tutti».

Capannoni di lamiere o stanzoni di cemento con qualche feritoia per respirare. Sempre al buio, con il fetore che ammorba la poca aria che circola, è impossibile non ammalarsi. Ed è quasi impossibile sopravvivere per quei neonati, quasi sempre frutto di stupro, che hanno la sventura di nascere in cattività.

Un camerunense rinchiuso a Bani Walid chiede disperatamente aiuto: «Mia moglie è stata violentata. Ha partorito da tre giorni, è a terra con il neonato, senza acqua, senza potersi lavare, senza nessuno che l'aiuti o che la visiti. E io non so cosa fare. Ho paura che si prendano un'infezione, che muoiano entrambi. Quel bambino non è mio, ma abbiamo deciso che lo avremmo accettato. Lui non ha nessuna colpa». Ma qui non arriverà nessuno a salvare sua moglie e il suo neonato. Solo la sorte deciderà se potranno sopravvivere o no.

Moltissimi di loro oggi pagherebbero per poter ritornare indietro, nelle loro case. Meglio la fame, la guerra civile, persino la persecuzione e la violenza nel loro paese piuttosto che la tortura quotidiana delle prigioni libiche. Ma non è affatto facile. Per chi non ha diritto allo status di rifugiato – e dunque non può neanche sperare di rientrare nelle evacuazioni che Unhcr e Oim continuano a programmare per il prossimo futuro, per portare in salvo migliaia di persone con i corridoi umanitari – anche il rimpatrio volontario resta una chimera.

«Respingimenti» veri e «camuffati»

«Questa non è Lampedusa!»

Piangevano e pregavano. Chi Dio, chi Allah, chi rivolto soltanto al cielo stellato. Sfiniti ma felici, finalmente in vista delle luci della terraferma, mentre le due motovedette – una della guardia costiera italiana e l'altra della guardia di finanza – si avvicinavano lentamente all'approdo con il loro dolente carico: 277 migranti raccolti in mezzo al mare la notte precedente. I «miracolati» hanno ancora negli occhi l'immagine dei loro compagni di viaggio, almeno un centinaio, finiti in fondo a un mare nero come la loro pelle.

Canale di Sicilia, a metà strada tra le coste libiche e quelle di Lampedusa. I migranti erano tutti stipati in tre piccole barche in procinto di affondare. Poi il provvidenziale arrivo delle motovedette italiane. Marinai e finanzieri si sbracciano per salvarli, lanciano funi e salvagenti per recuperarli e sottrarli a una morte sicura su quei barconi sventrati dalle falle che già da diverse ore si sono aperte sui fianchi degli scafi, semi sommersi dall'acqua.

Chi era rimasto a bordo di quelle barche viaggiava da diverse ore con l'acqua alla vita. Altri erano già morti, buttati in mare dai loro stessi familiari per evitare epidemie ma anche atti di cannibalismo, «perché quando sei in mare senza cibo, acqua e senza viveri per giorni – racconta un sopravvissuto – può accadere di tutto: gli altri potrebbero mangiare i nostri figli, le loro madri, i loro padri, i loro parenti». Un orrore, almeno questo, che agli occupanti di quei barconi è stato risparmiato. Chi lo ha vissuto quasi sempre ha preferito tacere. Troppo dura raccontare ed esprimere l'inimmaginabile che purtroppo accade durante le traversate verso la libertà. Meglio dimenticare.

Ormai sono a bordo delle motovedette italiane, Lampedusa non è più un miraggio. Shara, nigeriana, tiene in braccio il suo bambino di due anni; sua sorella Fatima, incinta a diciassette anni, si accarezza la pancia. Nessuno dei due bambini, né quello che è sul barcone né quello che sta per nascere, ha un padre certo. Sono figli degli stupratori libici, dei carnefici, dei «padroni» che per due anni hanno sfruttato e violentato le due ragazze. Ma non importa, ormai sono i loro figli, e loro li rassicurano: «Finalmente ce l'abbiamo fatta, abbiamo lasciato l'inferno e stiamo per arrivare in Europa, a Lampedusa».

Ma quelle non sono le luci di Lampedusa. Ad accorgersene è Oluwa, un gigante nero nigeriano che, acquattato a prua della motovedetta italiana, riconosce quelle luci. «Non è Lampedusa! È Tripoli!» comincia a gridare. E a piangere, questa volta non di gioia, ma di paura. Oluwa non capisce cosa sta succedendo, sa solo che qualcosa non sta andando per il verso giusto. Lui e tutti gli altri, infatti, sono già in Italia: per la legge internazionale del mare, le imbarcazioni che battono bandiera nazionale sono territori di quelle nazioni, inviolabili, come le ambasciate sparse in tutto il mondo. «Dove ci state portando?» chiede timidamente Oluwa a un marinaio italiano con il quale aveva scambiato alcune parole durante il viaggio. Per lui quell'uomo in divisa è quasi un «amico», è il suo «salvatore», l'uomo inviato da

Dio a salvarlo da quel barcone sul punto di affondare. Il marinaio prova a rassicurarlo: «Stai tranquillo, ti portiamo a terra». Sì, ma quale terra?

Solo all'alba, quando le motovedette attraccano nel porto di Tripoli, Oluwa, Shara, Fatima e tutti gli altri scoprono di essere stati riportati all'inferno. Distinguono le scritte in arabo dei cartelli del porto, le divise dei militari libici che li attendono sulla banchina. Li hanno uccisi un'altra volta, li hanno riconsegnati ai loro carnefici, ai loro stupratori, a quelli che per mesi li hanno massacrati, seviziati, violentati, uccisi. Oluwa implora, si inginocchia davanti al militare italiano che lo sta riportando all'inferno e piangendo chiede: «Perché? Perché dopo averci salvati ci avete riportati in Libia?». È un'immagine struggente, quella del migrante inginocchiato che quasi bacia la mano al militare italiano, mentre quest'ultimo guarda altrove, cercando di scacciare le lacrime. Un'immagine fermata dallo scatto di un fotografo a bordo, che ha fatto il giro del mondo e che mette l'Italia, l'Europa, il mondo occidentale tutto faccia a faccia con la sua coscienza.

Anche Fatima implora. Contravvenendo alle leggi del pudore, islamico o cristiano che sia, scopre la sua pancia gonfia di donna incinta e, in lacrime, si appella al marinaio italiano: «Ma dove ci state portando? Ma lo capite che questo bambino che porto in grembo e che sta per nascere è figlio di quei carnefici libici che mi hanno violentata per mesi? E che mi violenteranno ancora non appena mi farete sbarcare?».

Il militare italiano non sa cosa rispondere, piange anche lui. Sotto quella divisa c'è un uomo in carne e ossa, con il suo cuore, i suoi sentimenti, la sua indignazione. Ha moglie e figli anche lui e vorrebbe che non sapessero mai che cosa sta facendo, cosa è costretto a fare per obbedire agli ordini ai quali non può ribellarsi. Non sa che cosa dire davanti a

Fatima e a quel gigante con la pelle nera, ma dalla sua bocca escono parole di rabbia e di sconforto. «È l'ordine più infame che abbia mai eseguito» risponde il giovane sottufficiale italiano a un altro migrante, Benjamin, che in ginocchio lo implora di non farlo scendere dall'imbarcazione.

È il marinaio, adesso, a raccontare: «Dopo aver capito che li avremmo riportati in Libia, ci chiamavano "fratelli". Tendevano le mani, le congiungevano in segno di preghiera e urlavano: "Fratelli, aiutateci, perché ci fate questo?". Ma non potevamo fare nulla: gli ordini erano quelli di riportarli in Libia, e agli ordini, anche se infami, non potevo sottrarmi. Sono un militare. Ma sono anche un padre di famiglia e ai miei figli non racconterò mai quello che ho fatto. Mi vergogno e non ci dormo la notte. Lì a bordo c'erano una quarantina di donne, molte incinte, molte con bambini piccolissimi e io che li avevo salvati li ho dovuti riportare indietro, lì da dove erano fuggiti rischiando di morire pur di raggiungere l'Italia, l'Europa».

È l'uomo, naturalmente, non il militare della marina italiana, quello che accetta di rievocare quei tragici momenti che non dimenticherà mai nella sua vita. «Quando li abbiamo presi a bordo dai barconi erano così felici. Cantavano, pregavano, ci ringraziavano per averli salvati. In quel momento, sapendo che dovevamo respingerli, il cuore mi è diventato piccolo piccolo. Non potevo dire loro che li stavamo portando di nuovo nell'inferno dal quale erano scappati mettendo a rischio la propria vita. Roma aveva deciso così, perché è sempre Roma che decide; sulla pelle di questi disgraziati decidono i governi, chi ne fa arrivare di più, chi di meno. Mi sentivo un verme quando Oluwa e qualche altro cominciarono a sospettare che non saremmo andati a Lampedusa e mi chiedevano: "Dove ci state portando?". Ero costretto a mentire. Rispondevo: "Tranquilli, state calmi, stiamo andando in Italia", perché avevamo anche paura che potessero ribellarsi. Loro erano quasi trecento e noi soltanto in trenta. Ma non ne avrebbero avuto le forze, avevano navigato su quei barconi dei trafficanti libici per tre o quattro giorni, senza acqua, senza cibo. Erano stremati, noi li avevamo rifocillati e illusi. Pensavano di essere finalmente liberi. Ma non è stato così e ancora mi tormento al pensiero di cosa sia capitato loro una volta scesi a terra, in Libia, di che fine abbiano fatto. Chissà quanti di loro sono ancora vivi, chissà chi è riuscito in qualche altro modo a raggiungere il suo sogno, chissà chi è ancora schiavo.»

L'impresa di Abayomi

Quella notte del 7 maggio 2009 soltanto un ragazzo – Abayomi, un ventenne del Mali – riesce a raggiungere Lampedusa. Quando tutti gli altri suoi compagni di sventura cominciano a scendere dalle passerelle delle motovedette italiane sul suolo libico, Abayomi decide di provare il tutto per tutto e si nasconde dentro una scialuppa di salvataggio coperta da un telone di plastica. Il destino gli è amico: forse il personale di bordo si è accorto troppo tardi di quel ragazzo, forse ha semplicemente fatto finta di non vederlo. Fatto sta che quando le motovedette attraccano a Lampedusa, con il beneficio del buio e approfittando della stanchezza e dello scoramento dell'equipaggio italiano, Abayomi riesce finalmente a mettere piede sul suolo europeo. Quasi non ci crede, a quel punto non è neanche più sicuro di essere a Lampedusa, comincia a vagare per le strade dell'isola senza sapere dove andare e che cosa fare.

Impossibile passare inosservato in quell'isola così piccola, già supercontrollata da anni. Ai carabinieri che lo fermano per strada, il ragazzo, per paura di essere riportato a bordo della motovedetta e rispedito anche lui in Libia, racconta la prima frottola che gli viene in mente: «Sono arrivato sull'isola con una barca che poi si è allontanata». Ha gli abiti ancora bagnati, Abayomi, e poi succede spesso che piccole barche di legno arrivino fin sulle spiagge di Lampedusa in piena notte senza essere intercettate. I carabinieri gli credono e lo portano nel centro di accoglienza nella vecchia base militare Loran, dal momento che l'altro era già stracolmo.

Il giorno dopo lo incontriamo proprio lì, e Abayomi ci racconta la verità: «Un marinaio italiano mi ha aiutato, che Dio lo protegga sempre. Lui si era accorto che mi ero nascosto in quella scialuppa, ma ormai avevamo lasciato il porto di Tripoli e quell'uomo ha fatto finta di niente. Mi ha ordinato di non uscire dal nascondiglio fino a quando non saremmo arrivati a Lampedusa. E così ho fatto. Io sono stato miracolato, mi ha salvato la vita due volte, gli sarò grato per sempre anche se non so neanche come si chiama. Ma tutti gli altri miei compagni di viaggio? Che fine hanno fatto? Li hanno mandati nuovamente al massacro: in Libia li uccideranno, uccideranno anche i loro bambini. Gli italiani non devono permettere tutto questo. Non sapete o fate finta di non sapere cosa accade in Libia a noi neri?».

Abayomi si ferma un attimo. E piange. Piange lacrime di dolore e rabbia. Non è alla sua storia che pensa, non a quello che ha subito e che vorrebbe solo dimenticare. Piange per un suo amico, un ragazzo di soli diciassette anni, un nigeriano che è rimasto in Libia. Lui su un barcone non è neanche riuscito a salire perché le sevizie che ha subito durante la prigionia lo hanno distrutto. «È diventato pazzo – racconta Abayomi – per i tanti colpi di bastone che i poliziotti libici gli hanno dato in testa. È rimasto in Libia, lo trattano come uno schiavo, gli fanno fare i lavori più umilianti. Gira per le strade come un fantasma. La sua colpa è quella di essere nero, nero come me, di chiamarsi Abramo e di essere israelita. Lo picchiavano senza pietà, lo hanno anche stuprato. Quel ragazzo non ha più vita, gli hanno tolto anche l'anima. Prego per lui. Non perché viva, ma perché muoia presto, perché, finalmente, possa trovare la pace da qualche parte lassù.»

Quello del maggio 2009 fu il primo «respingimento» deciso dal governo di centrodestra di allora. Il ministro dell'Interno era il leghista Roberto Maroni e questa era la sua strategia per tentare di bloccare i flussi migratori, che allora partivano dall'Egitto più che dalla Libia. Tentativo fallito, visto che, oltre a scatenare l'indignazione della maggior parte delle forze politiche e di amplissimi strati della società, la stagione dei «respingimenti» non è riuscita a fermare le partenze.

Anzi, queste avrebbero toccato numeri epocali nel 2016 e nella prima metà del 2017, tanto da indurre un governo di centrosinistra e un ministro del Pd a stringere accordi con la Libia. Si è così deciso di chiudere gli occhi su quelli che altro non sono stati che «respingimenti» mascherati di gommoni e barconi, con centinaia di persone lasciate ai soccorsi goffi e inadeguati, nel migliore dei casi, della guardia costiera libica, pronta a minacciare se non addirittura a sparare addosso alle navi umanitarie per impedire loro di prendere a bordo i migranti e sottrarli all'inferno libico.

Otto anni dopo

Gli episodi di tragici «respingimenti» sono tanti nonostante l'abnegazione della marina italiana e delle imbarcazioni umanitarie.

«*This is Italian Navy helicopter, channel 16, we want you to stop now, now, now!*»

L'elicottero della marina italiana volava basso in tondo e provava a fermare la motovedetta libica mentre John moriva, trascinato via a folle velocità, sospeso in aria sul mare, una mano disperatamente attaccata alla cima e l'altra protesa verso la moglie, ormai in salvo sul gommone della Sea-Watch.

«Lui era lì, sul ponte della barca e gridava verso di me. I libici lo picchiavano con delle corde, lo prendevano a calci, poi l'ho visto scavalcare e buttarsi in acqua. È andato giù. L'ho visto riemergere, era riuscito a riaggrapparsi alla fune sul fianco della motovedetta. Gridava: "Aspettatemi, aspettatemi! Aiuto, non lasciatemi qui!". Ma a un certo punto i libici hanno riacceso il motore e la barca ha fatto un balzo in avanti, trascinando via lui e tutti gli altri che stavano ancora in acqua. Non l'ho più visto. John non sapeva nuotare, era salvo ma è morto perché voleva raggiungere me che ero già in Italia.»

Darfish piange senza sosta, nell'ospedale di Modica, mentre riavvolge il tragico film che un lunedì mattina ha cambiato per sempre la sua vita. Lei, sul gommone della nave umanitaria tedesca, dunque «già in Italia»; e suo marito, a bordo della motovedetta della guardia costiera, dunque destinato a tornare in Libia. Viaggio di andata e ritorno all'inferno. Di nuovo in prigione, di nuovo torture, violenza, un nuovo riscatto da pagare per riprovarci ancora. Una prospettiva agghiacciante anche per chi, come questa giovane coppia camerunense, è sopravvissuto alla traversata nel deserto, alla prigionia nella connection house e persino al naufragio di quel gommone davanti al quale il destino ha aperto loro le *sliding doors* del Mediterraneo. Un drammatico soccorso conteso tra i libici e le ong che, per la prima volta da quando sono entrati in vigore gli accordi tra il governo italiano e quello di al-Sarraj, ha aperto gli occhi dell'Europa sulla roulette russa a cui è affidato il destino delle migliaia di persone che ancora tentano la traversata nel Mediterraneo.

Un incidente che avrebbe fatto una cinquantina di dispersi. Cinquantanove i superstiti portati a Pozzallo da Sea-Watch insieme al corpicino del bimbo di due anni, annegato sotto gli occhi della madre, e a quelli di altre quattro vittime recuperate e trasferite a bordo di un'altra nave umanitaria, la *Aquarius* di Sos Méditerranée. Chissà se si riuscirà mai a stabilire se su queste morti vi siano delle responsabilità di qualcuno degli attori intervenuti nelle operazioni di soccorso che, coordinate dalla sala operativa della guardia costiera di Roma, hanno dovuto fare i conti con il contemporaneo arrivo sul luogo del naufragio della motovedetta libica e della nave umanitaria.

L'Italia da una parte e la Libia dall'altra, il gommone semiaffondato in mezzo, tanti corpi galleggianti in acqua; ma soprattutto decine di persone che, ormai in salvo sull'imbarcazione libica, si buttano in mare nel vano tentativo di raggiungere i due gommoni che avrebbero aperto loro le porte dell'Europa. Terribili minuti di caos, spezzati dalla fuga in avanti della motovedetta libica che, dopo aver tentato di trattenere i migranti con minacce e violenze, riaccende i motori e riparte a tutto gas verso Tripoli; a bordo ci sono quarantadue superstiti che imploranti tendono le mani, urlando all'indirizzo di mogli, figli, fratelli, sorelle da cui probabilmente sono stati divisi per sempre.

La scena è rimasta impressa non solo nei racconti di chi ce l'ha fatta, ma anche nella scatola nera della Sea-Watch. Il disperato grido partito dall'elicottero della marina italiana presente sulla scena è stato registrato nelle conversazioni sul canale 16, quello riservato ai soccorsi: «Guardia costiera libica, questo è un elicottero della marina italiana, le persone stanno saltando in mare. Fermate i motori e collaborate con la Sea-Watch. Per favore, collaborate con la Sea-Watch». L'invito rimane inascoltato.

Nel racconto di Gennaro Giudetti, attivista italiano imbarcato sulla Sea-Watch, si percepisce tutto l'orrore di quei tragici momenti: «Quando siamo arrivati sul posto c'erano già diversi cadaveri che galleggiavano e decine di persone in acqua che gridavano aiuto. Abbiamo dovuto lasciar stare i corpi per cercare di salvare più gente possibile. I libici ci ostacolavano in tutti i modi, per quanto incredibile possa sembrare, ci tiravano anche patate addosso. Loro non facevano assolutamente nulla, abbiamo dovuto allontanarci un po' per non alzare troppo il livello di tensione e in quel momento abbiamo visto che sulla nave libica i militari picchiavano i migranti con delle grosse corde e delle mazze. In tanti si sono buttati a mare per raggiungerci e sono stati spazzati via dalla partenza improvvisa della motovedetta. È stata una cosa straziante. E la colpa è di tutti noi, degli italiani e degli europei che supportano questo sistema. Quelle navi libiche le paghiamo noi. Quando ho raccolto dall'acqua il corpo di quel bambino, ho toccato davvero il fondo dell'umanità».

Nel 2017 la guardia costiera libica ha intercettato 19.452 persone, che sono state riportate sulla terraferma e trasferite in centri di detenzione dove la tortura è la regola. Come denuncia Amnesty International, «i funzionari della guardia costiera libica operano notoriamente in collusione con le reti dei trafficanti e ricorrono a violenze e minacce contro rifugiati e migranti che si trovano su imbarcazioni alla deriva». Non importa se scappino dalla guerra o dalla fame, se abbiano diritto alla protezione internazionale oppure no. Chi può saperlo mentre, su un gommone che sta affondando o peggio in acqua con le mani protese a chiedere aiuto, sono ormai a un passo dalla morte? Chi stabilisce, a bordo delle motovedette libiche o italiane, chi ha diritto e chi no a ottenere lo status di rifugiato o di profugo?

Interrogativi che si ripetono ormai da più di quindici anni, a fasi alterne, con qualsiasi schieramento al governo, di centro, di destra o di sinistra, tutti pronti a girarsi dall'altro lato, a respingere in modo diretto o indiretto migliaia di persone ormai a un passo dalla salvezza. Una salvezza che la geografia, per chi arriva dall'Africa, vuole che si chiami Italia.

Approdo negato

Nella ricostruzione di «respingimenti» veri e «camuffati» non possono mancare i casi della *Cap Anamur* nel 2004 e della *Pinar* nel 2009, protagoniste loro malgrado. La prima era la nave di una antesignana ong tedesca, la seconda un mercantile che batteva bandiera turca e trasportava grano.

La *Cap Anamur* era in navigazione verso il Libano per consegnare attrezzature ospedaliere per sale operatorie e medicinali quando, in mezzo al canale di Sicilia, s'imbatté in due gommoni che stavano per affondare. Li soccorse e salvò una cinquantina di migranti diretti verso Lampedusa. A quel punto alla nave non rimase altra scelta che cambiare rotta e dirigersi verso le coste siciliane; otto membri dell'equipaggio si adoperarono per rifocillare i sopravvissuti e per assisterli nel migliore dei modi. Quando la *Cap Anamur* chiese via radio di potere attraccare a Lampedusa o a Porto Empedocle, le autorità italiane, incredibilmente, negarono il permesso: «Portateli a Malta» fu l'ordine impartito. Ma il comandante dell'equipaggio si rifiutò di eseguirlo anche perché, nel frattempo, anche Malta aveva fatto sapere che avrebbe negato loro la possibilità di attracco. Insomma, nessuno voleva quei profughi e così la nave restò in mezzo al mare, in balia delle onde, prigioniera con il suo carico umano senza poter proseguire perché le motovedette italiane glielo impedivano.

Un'altra «soluzione», secondo l'Italia, c'era: se Malta non voleva fare attraccare la nave, la *Cap Anamur* poteva dirigersi verso un porto della Germania, visto che la nave batteva bandiera tedesca. Dal canale di Sicilia fino in Germania? Ma com'era possibile? Il capitano della nave – un volontario, come tutti gli altri membri dell'equipaggio – si oppose anche a quell'ordine assurdo, e l'imbarcazione rimase per giorni e giorni in mezzo al mare con quell'«imbarazzante» carico che nessuno voleva.

Se non fosse stato per i reportage di «la Repubblica» che, superando il blocco dei militari italiani, riuscì a salire a bordo, chissà per quanto tempo ancora la nave sarebbe rimasta in alto mare. La *Cap Anamur* diventò un caso internazionale e, dopo giorni e giorni di attesa – con i migranti che minacciavano di suicidarsi o di gettarsi in mare anche se molti non sapevano nuotare – le fu finalmente concesso di approdare a Porto Empedocle. Non senza pagare dazio. E che dazio.

Appena giunti in porto, tre membri dell'equipaggio, il capitano Stefan Schmidt, il direttore di macchina Vladimir Dachkevitce e il presidente dell'associazione Cap Anamur, Elias Bierdel, furono arrestati e portati in carcere con l'incredibile accusa di «favoreggiamento dell'immigrazione clandestina». La nave venne sequestrata e abbandonata per anni sulla banchina di Porto Empedocle finché non andò in rovina. I migranti dopo alcuni giorni furono «rimpatriati» con un volo speciale verso il paese da dove erano fuggiti. Tranne uno, Benjamin Robat, che fu considerato un «collaboratore» perché rispetto agli altri aveva rivelato la propria nazionalità, quella del Niger. Cinque anni dopo, i tre imputati furono assolti, ma la nave era diventata ormai un rottame e fu dissequestrata con danni incalcolabili, non soltanto umani ma anche economici.

E cinque anni, diverse decine di migliaia di sbarchi e soprattutto diverse migliaia di morti in mare dopo, la storia si è ripetuta. Come se niente avessero insegnato tutti questi anni di lutti e di tragedie, come se nessuno avesse preso coscienza del dramma che due continenti stanno vivendo.

Questa volta è il mercantile turco *Pinar* a trovarsi sulla rotta di due barconi con il loro carico di disperati. O meglio, e per paradosso, sono addirittura le autorità italiane a dirottarlo sulle coordinate di quei due barconi in difficoltà. A bordo ci sono più di un centinaio di migranti. L'equipaggio della nave turca, ovviamente assai poco equipaggiato per un'operazione del genere, riesce comunque a salvarli tutti e fa rotta verso il porto più vicino, che ancora una volta è quello di Lampedusa.

Ma a una ventina di miglia dal porto arriva l'incredibile stop: attracco negato. Il capitano Asik Tuygun, i dieci membri del suo equipaggio e i 144 migranti soccorsi restano prigionieri a bordo della nave, ferma in mezzo al mare. Purtroppo, insieme al corpo senza vita di una ragazza di appena vent'anni: era incinta, non ce l'ha fatta, l'hanno ripescata che ormai non respirava più e l'hanno sistemata come potevano, il corpo pietosamente coperto da un telo a poppa della nave. Ma non si può rimanere per sei giorni in mezzo al mare senza una cella frigorifera, con gli avvoltoi che seguono il percorso della nave e un cadavere in putrefazione: un argomento che, da solo, sarebbe dovuto bastare a convincere le autorità italiane a concedere l'approdo alla *Pinar*. Senza parlare del rischio di «sollevazione» da parte dei migranti, assai difficili da governare per un equipaggio non addestrato a questo tipo di emergenze e, soprattutto, non in grado di dare spiegazioni convincenti del perché la nave rimaneva a vagare in mezzo al mare, ormai anche con pochi viveri e in condizioni sanitarie assolutamente proibitive. Anche in questo caso, «la Repubblica» riuscì a raggiungere la *Pinar* in alto mare, salendo a bordo e documentando quello che stava succedendo, che invece tutti cercavano di tenere nascosto. Sarebbe bastato l'allucinante diario di viaggio di uno di quei migranti, Austine Osajande, a far capire che quella povera gente doveva immediatamente essere accolta a terra. Eccolo quel diario, fin dall'inizio del suo lunghissimo viaggio in Niger.

Il diario di Austine

«Erano sette o otto, tutti armati di fucili e di machete. Hanno fatto irruzione nella nostra baracca, c'eravamo io, mio padre e mia madre. Hanno trascinato fuori mio padre, l'hanno accusato di essere un collaborazionista del governo solo perché lavorava a pochi dollari al mese per lo Stato. Quelli del Mend [*il movimento rivoluzionario del delta del Niger*] lo hanno quasi decapitato con un colpo di machete. Ho tentato di salvarlo, è stato inutile: mi hanno ferito in faccia, ma mi hanno lasciato vivo. Mia madre non l'hanno toccata, però mio padre non c'era più. In quel momento ho preso la decisione a cui pensavo già da molti anni: andarmene via, tentare di raggiungere mio cugino. Lui è stato più fortunato di me, tre anni fa è riuscito a raggiungere la Svezia, lavora lì come aiutante pizzaiolo.»

Austine ha diciannove anni, è nato nel villaggio di Orhob, poche capanne a qualche chilometro dal delta del fiume Niger, che si apre a ventaglio sull'oceano Atlantico. Il paese è ricco, è il principale esportatore di greggio del continente nero, ma la gente muore di fame, e questo vale anche per Austine.

«Non ricordo il giorno preciso, è il mese di novembre. Non abbiamo di che mangiare. Mio padre è stato ammazzato da poco, e quello che guadagno io come ambulante di frutta e oggetti in legno non basta a sostenere la famiglia. Decido di partire. Mia madre con le lacrime agli occhi mi dice: "Vai, figlio mio, Dio ti proteggerà. Ho solo 100 dollari da parte, prendili e fuggi da questo inferno".» Per alcune settimane Austine attende che arrivi il «mediatore», l'uomo che gira per i villaggi del delta del Niger a raccogliere «clienti» da trasferire in Tunisia, in Libia e che, se la fortuna li assiste, li farà salire a bordo di un barcone per l'Italia.

È ormai dicembre, il viaggio di Austine dura già da diverse settimane e lui annota nel suo diario: «I 100 dollari sono finiti in poco tempo: tutti vogliono essere pagati, poliziotti, doganieri, autisti di camion e furgoni. Mi hanno lasciato solo le cose che per loro non hanno valore ma che per me contano quanto tutto il petrolio della Nigeria: il rosario con il crocifisso di legno, la piccola Bibbia che conservo in un sacchetto di plastica chiuso con il nastro adesivo; e la speranza, il sogno di raggiungere l'Italia e mandare dei soldi a mia madre. Ogni settimana o due mi fermo in qualche villaggio. Chiedo ospitalità, o un lavoro per proseguire il mio viaggio. Faccio di tutto, il pastore, il contadino, il trasportatore di legno. Non basta, ma non mollo. Ho deciso: vivere o morire. Io voglio vivere, avere un lavoro vero, una donna, una famiglia, dei figli. Questi desideri e questi sogni, la fede in Dio mi danno la forza di continuare. L'autista di un furgone un giorno ci lascia in mezzo al deserto. Siamo in sei, tutti uomini, tutti nigeriani. Non abbiamo nulla da mangiare, ma uno è riuscito a portarsi appresso del pane, anche se ormai è duro come la pietra. Lo divide con tutti noi. È Natale. Riusciamo ad accendere un fuoco e tutti assieme preghiamo e cantiamo. Chiediamo a Dio di non dimenticarci».

Gennaio, febbraio, marzo. Il viaggio sembra non finire mai. E quello che Austine vede non lo incoraggia di certo. «Ci fermiamo in tanti villaggi: sono tutti uguali, tutti poveri come Orhob. Molti sono cristiani e, sia pure con difficoltà, lì ci danno una mano. In uno restiamo per oltre tre settimane. Non c'è possibilità di trovare un lavoro, un passaggio che ci faccia andare avanti. Poi un giorno un camion carico di frutta, diretto verso un paesino a duecento chilometri di distanza, ci prende a bordo con la promessa che lo aiuteremo, una volta a destinazione, a scaricare la merce. Glielo promettiamo. Per alcuni giorni camminiamo a piedi sotto il sole. Il pomeriggio ci fermiamo da qualche parte e per molte notti dormiamo all'aperto bruciando le sterpaglie raccolte durante il viaggio. In un villaggio ci regalano delle bottiglie di plastica che riempiamo di acqua. Beviamo solo quando non ce la facciamo più. Le scarpe che ci hanno regalato in un altro villaggio sono sfondate. Indossiamo sempre gli stessi abiti, un giubbotto, una maglietta, dei pantaloni. Ci laviamo di rado, l'acqua è preziosa e non va sciupata. Al confine tra la Tunisia e la Libia incontro Selima. È con altre due donne. Mi chiede di proteggerla, ha paura degli uomini che più volte l'hanno insidiata. Così ci siamo innamorati.»

Una donna, l'amore, un progetto per il futuro. E finalmente anche la possibilità di imbarcarsi. È il 16 aprile 2009, una notte che Austine non dimenticherà mai. «Eravamo in mare, noi che avevamo pagato di meno su un gommone, gli altri che avevano pagato di più sulla barca. Stavamo affondando, eravamo stremati quando è arrivata la nave e quel "Dio" del comandante Asik. Grazie Asik. Grazie *Pinar*, grazie Dio.»

Non sapeva Austine che sulla *Pinar* sarebbe rimasto fermo in mare per altri sei giorni, rifiutato dall'Italia, e che ancora una volta solo grazie a un reportage di «la Repubblica» la sua odissea sarebbe finita bene, bypassando l'ennesimo tentativo di «respingimento» mascherato. Chissà dove sono finiti Austine e Selima dopo aver finalmente messo piede, ormai nove anni fa, sul molo di Porto Empedocle.

L'assalto alle ong

La missione in mare di Medici senza frontiere

Alla fine, di poliziotti a bordo delle navi non se ne sono visti, tantomeno armati; e la «minaccia» di chiudere i porti italiani è durata lo spazio di qualche giorno. A un anno di distanza dalla stretta contro le ong siamo costretti a stilare un bilancio che ha ben poco a che fare con l'umanità e con la missione avviata da diverse organizzazioni le quali, nel vuoto assoluto dei soccorsi in mare provocato dalla fine dell'operazione *Mare nostrum*, hanno schierato le loro navi nel Mediterraneo per salvare migliaia di migranti caricati dai trafficanti su gommoni talmente precari da non resistere a galla più di qualche ora.

Pull factor, cioè fattore di attrazione per le organizzazioni criminali, che avrebbero approfittato di quello schieramento di soccorritori per mandare un gommone dietro l'altro tra le loro braccia sicure: questa la tesi di molti, avallata dall'inchiesta della procura di Catania da cui tutto ha avuto inizio e nulla (ancora) fine. Una tesi subito contestata dalle ong e, soprattutto, smentita nei numeri. Perché se è vero che dopo l'accordo tra il governo italiano e la Libia gli sbarchi in Italia sono diminuiti (ma non le partenze), è purtroppo una realtà incontestabile che le morti in mare sono aumentate.

Il motivo è sotto gli occhi di tutti ed è una drammatica combinazione tra l'inadeguatezza dalla guardia costiera libica nei salvataggi, nonostante l'addestramento del personale a carico della marina italiana e la continua dotazione di motovedette e strumentazione di soccorso, e l'abbandono al quale sono state condannate le varie ong (anche quelle che all'inizio avevano scelto di firmare il cosiddetto codice di autoregolamentazione voluto dal ministero dell'Interno), anche per i pesanti rischi alla sicurezza degli equipaggi, trovatisi più di una volta oggetto di aggressioni armate da parte dei libici. E così, nella sempre più ampia fetta di mare in cui i trafficanti hanno continuato a lanciare stracolme bagnarole sgonfie, per centinaia di miglia spesso non c'era nessuna imbarcazione disponibile a effettuare anche solo uno dei tanti soccorsi di emergenza che sarebbero stati necessari. Più di tremila persone, nel 2017, hanno perso la vita nella traversata, e oltre un migliaio solo nei primi mesi del 2018: queste sono solo le vittime di cui si conosce la fine, ma chissà quante altre vite il Mediterraneo ha inghiottito senza che nessuno se ne sia mai accorto.

Forse è anche per questo che, dopo aver sospeso a malincuore i soccorsi nel Mediterraneo, Medici senza frontiere – l'unica delle sette ong in campo che non ha firmato il codice di autoregolamentazione – adesso non esclude di tornare in mare con una nuova missione.

Marco Bertotto, responsabile Legacy di Msf, racconta così le scelte sofferte che l'organizzazione, impegnata da cinquant'anni a salvare vite umane nei peggiori teatri di guerra del mondo, dall'Africa al Sudest asiatico, si è trovata a dover fare: «Purtroppo sappiamo tutti che la traversata del Mediterraneo dalla Libia all'Italia è diventata l'unica strada per raggiungere l'Europa dopo la chiusura della maggior parte delle frontiere europee. Ed è innegabile che sia la rotta più pericolosa al mondo, nella quale negli ultimi due anni hanno perso la vita quasi novemila persone, il doppio rispetto a prima. Sono numeri drammatici che sono il risultato del fallimento dell'Europa nel gestire in modo umano ed efficace i flussi migratori».

A maggio del 2015, dopo la chiusura di *Mare nostrum* e alla vigilia del varo dell'operazione *Triton* di Frontex, Msf decide di mandare in mare per la prima volta un equipaggio di volontari, pur essendo priva di un mandato specifico di ricerca e soccorso.

«Già allora – spiega Bertotto – era evidente la completa indisponibilità dell'Europa a condividere con l'Italia la responsabilità di contenere la perdita di vite umane nel Mediterraneo. E già allora erano emerse da parte di Frontex le stesse critiche alle attività di soccorso in mare delle navi militari italiane che poi le ong hanno subito in modo ancora più netto ed esplicito nel corso degli ultimi mesi.»

A muovere Msf è il bilancio già spaventoso dei primi mesi del 2015: un naufragio dietro l'altro fino ad aprile, quando, in due tragedie a pochi giorni di distanza l'una dall'altra, perdono la vita ben 1200 persone. In quel momento il tratto di mare di fronte alla Libia è sostanzialmente sguarnito e la sala operativa di Roma, quando riceve le chiamate di soccorso da parte dei migranti, muniti di telefono satellitare con il numero della salvezza in memoria, spesso non ha altra scelta che invocare l'aiuto dei mercantili in transito, naturalmente privi di equipaggi attrezzati e di materiali per il soccorso, e il più delle volte così imponenti che le manovre di avvicinamento rischiano di recare a quei fragili gommoni più danno che aiuto.

«Una situazione inaccettabile – continua Bertotto, – per questo abbiamo deciso di intervenire in prima persona. I mezzi navali messi a disposizione dall'Europa si nascondono dietro l'obbligo di salvare vite umane solo dietro richiesta. In quanto navi militari, il loro esatto posizionamento in mare spesso non è conosciuto dalle autorità che coordinano i soccorsi e il contributo alla ricerca attiva delle imbarcazioni in stato di difficoltà resta del tutto subordinato alle loro altre priorità di intervento. Ma la realtà è che, nelle condizioni attuali, in assenza di alternative che consentano ai migranti di raggiungere l'Europa in modo legale e sicuro, è solo attraverso un'attività di ricerca e soccorso – anche nei pressi delle acque territoriali libiche, dove è maggiore il pericolo di naufragi – che si potrà contribuire a ridurre il numero delle vittime in mare. È questa la principale ragione per cui, nonostante gli enormi sforzi della guardia costiera italiana e il significativo incremento del numero di operazioni e assetti navali presenti nel Mediterraneo, lungo quella rotta si continua a morire.»

La tesi del pull factor

Per capire in che cosa si traduce la presenza in mare di una nave come quelle che Msf e altre ong hanno deciso di schierare dalla metà del 2015, servono innanzitutto alcuni numeri. Prendiamo Msf: trecento operazioni di soccorso, più di 66.000 persone salvate e assistite, con i medici del team pronti a curare in tempo reale disidratazione, ipotermia, gravi ustioni chimiche provocate dalla miscellanea di benzina e acqua di mare oltre, naturalmente, alle pesantissime conseguenze delle violenze e delle torture subite in Libia. E lo stesso vale, seppur con entità inferiore e comunque rapportata alle forze messe in campo, per le altre organizzazioni umanitarie che nel 2016 si sono fatte carico di soccorrere quasi il 30 per cento dei migranti (un numero raddoppiato rispetto all'anno precedente), disponendosi in posizione più avanzata rispetto al rachitico schieramento militare europeo. Ma poi, improvvisamente, i soccorritori si sono trovati nel fuoco incrociato.

Marco Bertotto lo racconta così: «È partita una vera e propria campagna contro le ong impegnate nel Mediterraneo. Ci hanno accusato di aver violato le leggi del mare, di complicità con i network di scafisti, di incentivare con la nostra presenza le partenze dei barconi dalla Libia e addirittura di aver contribuito ad aumentare la mortalità in mare. Se inizialmente queste critiche si sono sviluppate all'interno di teorie di cospirazione prodotte da piccoli gruppi identitari, il dibattito si è poi inasprito con la pubblicazione di un rapporto riservato di Frontex in cui l'agenzia europea evidenziava presunti legami tra i trafficanti e le ong».

È da qui che tutto ha inizio: i sospetti di Frontex, contenuti nel rapporto e reiterati in alcune sedi istituzionali; i «suggerimenti» e l'invio ad alcune procure italiane di presunti documenti riservati dell'intelligence non utilizzabili giudiziariamente; e un magistrato, il capo della Dda di Catania Carmelo Zuccaro, pronto a raccogliere l'assist e ad aprire una «indagine conoscitiva» sulle modalità di azione delle navi umanitarie nel Mediterraneo, sulle loro disponibilità economiche e sui canali di finanziamento. Una indagine che, a un anno e mezzo dalla sua apertura, non ha prodotto alcun risultato se non quello di sollevare un vespaio di polemiche dando la stura a un acceso dibattito politico, favorendo l'apertura di diverse inchieste parlamentari e provocando una forte presa di posizione da parte del Viminale, con l'imposizione di un codice di autoregolamentazione cui devono attenersi tutte le ong che vogliono continuare a effettuare soccorsi nel Mediterraneo, pena la chiusura alle loro navi dei porti italiani. Come se, fino a quel momento, le organizzazioni avessero operato senza regole, quando invece ogni soccorso è sempre stato richiesto e gestito dalla sala operativa della guardia costiera di Roma. E soprattutto come se non ci fossero già il diritto della navigazione, il diritto internazionale e le convenzioni a stabilire che cosa è consentito fare. Fatto sta che nella primavera del 2017 la parola d'ordine, a più livelli, è: sparare sui soccorritori.

Le navi umanitarie hanno rappresentato un *pull factor*, volontariamente o involontariamente? «In questi anni – osserva Bertotto – abbiamo intervistato centinaia di persone a bordo delle nostre navi e nessuno ci ha mai riferito di essere partito con la convinzione che sarebbe stato recuperato appena fuori dalle acque territoriali libiche. Davvero è credibile ipotizzare l'esistenza di uno stimolo a partire, generato dalla presenza delle ong, davanti a persone che abbiamo visto scrivere sul proprio giubbotto di salvataggio il nome e il numero di telefono da contattare in caso di ritrovamento del proprio cadavere? E comunque bastano i numeri a dimostrare che il *pull factor* non esiste: nei primi quattro mesi del 2015, dopo la chiusura di *Mare nostrum*, le partenze non hanno subito alcuna riduzione mentre, al contrario, la mortalità è aumentata di ben trenta volte, probabilmente come conseguenza della riduzione dei mezzi di soccorso disponibili. E dal 2014 al 2017 sono gli stessi rapporti di Frontex a evidenziare un costante incremento delle partenze associato al peggioramento delle dinamiche interne ai paesi d'origine e all'aggravarsi delle condizioni di vita in Libia. La verità è che i movimenti migratori sono influenzati da dinamiche complesse e diversificate, non certo solo dalla presenza di navi di soccorso nel tratto di mare antistante la Libia.»

Di più: ci si è spinti ad accusare le ong di essere persino la causa dell'aumento esponenziale delle morti in mare, incoraggiando in qualche modo le organizzazioni di trafficanti di uomini a spingere all'estremo il loro business, caricando più di cento persone alla volta non più su barconi di legno ma su gommoni mezzi sgonfi già alla partenza, chiaramente inadatti a sostenere lunghe navigazioni e a malapena in grado di arrivare al confine delle acque territoriali libiche, dove sono schierate le navi umanitarie. Questo, nella migliore delle ipotesi. Perché in realtà le due inchieste della magistratura aperte dalle procure di Catania e Trapani, seguite a ruota dalle indagini delle commissioni parlamentari, hanno ipotizzato che a bordo di quelle navi ci fosse persino qualcuno che avesse stretto patti con i trafficanti, concordando la «consegna» dei migranti, segnalando la propria posizione con i fari accesi nella notte, spegnendo i transponder per non far registrare la propria posizione dai radar e, in ultimo, agevolando ai trafficanti il recupero dei gommoni da riutilizzare in nuovi viaggi.

Accuse inaccettabili, spiegano da Msf. «Le traversate in mare sono divenute più pericolose per l'intrecciarsi di almeno due fattori: da un lato gli effetti delle politiche di deterrenza e delle operazioni Ue contro i trafficanti, a cui si contrappongono le spietate strategie messe in campo dalle operazioni criminali che non tengono in alcuna considerazione la vita umana; dall'altra i rapporti di forza, gli scontri di potere e l'evoluzione del modello di business criminale in un contesto libico caratterizzato da un'instabilità generale.» Ancora una volta, i numeri parlano chiaro: nel 2016 il numero di vittime è stato più alto tra aprile e maggio quando ancora le navi umanitarie contribuivano in modo marginale alle attività di soccorso in mare, mentre i naufragi sono diminuiti tra giugno e ottobre in coincidenza della massima presenza operativa delle ong.

Il codice di autoregolamentazione

Fatto sta che a fine giugno 2017 – quando, a gettare pericolosissima benzina sul fuoco già vivo delle polemiche, arrivano 10.500 migranti in quattro giorni e i sindaci non sanno più come provvedere all'accoglienza – il ministro dell'Interno Minniti decide di invertire la rotta dell'aereo che lo sta portando a Washington per alcuni incontri istituzionali e di prendere il toro per le corna. È in questo momento che al Viminale viene partorita la strategia che darà alla luce da una parte il patto con il governo libico di al-Sarraj per arrestare i flussi e dall'altro il codice di autoregolamentazione delle ong.

Il codice, come si è detto, restringe il campo di azione delle navi umanitarie e soprattutto le costringe ad accettare delle condizioni, in primis la presenza di polizia giudiziaria armata a bordo, che vengono giudicate inaccettabili. I tentativi di mediazione non sortiscono grande effetto: si fa come dice Minniti. Chi ci sta firma e continua a operare sotto il coordinamento della sala operativa della guardia costiera di Roma; chi non ci sta è fuori. Le proteste sono unanimi, le considerazioni condivise, ma alla fine firmano tutte tranne Medici senza frontiere, che rimane sulle proprie posizioni, decide di fermare in porto la sua nave e di limitare la presenza al team medico imbarcato sulla nave *Aquarius* di Sos Méditerranée.

Loris De Filippi, presidente di Msf Italia, spiega perché le condizioni imposte dal governo italiano sono inaccettabili per un'organizzazione come la loro: «Io non esprimo alcun giudizio politico sull'attività del ministro Minniti. Se lui crede nell'efficacia dell'azione coercitiva, vada pure avanti. Noi non siamo d'accordo. Ma l'errore fondamentale è ritenere di poter miscelare l'azione umanitaria con il contrasto all'immigrazione clandestina. I militari, la polizia fanno il loro lavoro, noi facciamo altro e questa separazione di ruoli è il fondamento dell'azione umanitaria, la neutralità. Msf lavora da quarantasei anni in tutti i paesi del mondo in contesti geopolitici instabili come la Siria o l'Iraq, in altri con conflitti cronici, e – così come la Croce rossa o Emergency – la sua azione umanitaria è garanzia di neutralità. Se nelle nostre strutture o sui nostri mezzi dovesse entrare personale armato sarebbe uno spazio violato, non sarebbe più un santuario umanitario. Noi ci rendiamo bene conto che le forze dell'ordine sono una cosa diversa dalle milizie, però anche un contesto come quello del Mediterraneo dove una nostra nave è stata attaccata dalla guardia costiera libica presenta rischi sulla sicurezza. Soprattutto in un momento come questo in cui l'Italia sta partendo con una missione militare in Libia. Faccio un esempio. A Mosul, a tre chilometri dal fronte, con l'Isis ancora arroccata nel centro di una cittadina, nel nostro presidio la Golden division della polizia irachena entrava lasciando fuori i kalashnikov. Le nostre strutture sanitarie non hanno difesa armata, i nostri mezzi non sono scortati. Se è chiaro il tuo ruolo, se la tua neutralità non è in discussione, ti rispettano, sei al sicuro. È un principio universalmente accettato. Si sta alimentando una pericolosa commistione tra azione umanitaria pura e altro. La polizia ha tutto il diritto di indagare, ma non di stare a bordo armata. Peraltro noi abbiamo sempre fatto salire le forze dell'ordine agli sbarchi, una volta finito l'iter sanitario e, in tre anni di proficua collaborazione con la guardia costiera, non c'è mai stato alcun problema. Perché cambiare?».

Il bilancio, alla fine, è drammatico. Anche molte delle ong che hanno firmato il codice, dopo un'estate in mare a lavorare sotto le minacce della guardia costiera libica e gli assalti armati che si sono susseguiti, hanno fatto un passo indietro: Moas ha preferito la missione in favore dei Rohingya, Jugend Rettet è stata fermata dalla procura di Trapani che ne ha sequestrato la nave nell'ambito dell'inchiesta sui presunti contatti con i trafficanti, gli spagnoli di Proactiva Open Arms hanno spostato una delle due navi sulla rotta spagnola, Save the Children si è fermata. In mare sono rimaste la *Aquarius* di Sos Méditerranée, con a bordo il team medico di Msf, e una o due navi dei tedeschi di Sea-Watch, sempre agli ordini della sala operativa di Roma ma spesso costrette a cedere il passo alle motovedette libiche e ad assistere impotenti al salvataggio di migliaia di persone destinate a tornare nell'inferno dei centri di detenzione.

«Ci siamo trovati di fronte a un inedito avvelenamento del clima – riflette Bertotto – che, oltre a colpire il lavoro delle ong, ha soprattutto messo in discussione i principi morali e gli obblighi legali che sono alla base del soccorso in mare, diffondendo la cultura dell'odio e della paura. Negli scorsi anni le operazioni di salvataggio nel Mediterraneo erano accompagnate dalla vicinanza di tantissimi italiani e soprattutto dal riconoscimento istituzionale del dovere di salvare vite in mare. Oggi siamo in una situazione opposta: chi fa ricerca e soccorso in mare – e ancora di più le persone che vengono salvate – rischia di trovarsi circondato da un'ostilità che rappresenta un enorme passo indietro. E questo è ancora più grave se si pensa al nulla che ha prodotto il dibattito politico. Di fronte a parole infamanti come "taxi del mare", "navi di negrieri" o alle mirabolanti accuse di perseguire finalità di destabilizzazione dell'economia italiana (parole del procuratore di Catania Zuccaro, il magistrato dell'"io dico ma non ho le prove"), nessuna parola è stata spesa per ragionare sulle conseguenze umanitarie della chiusura delle frontiere e degli accordi che il governo italiano ha siglato con la Libia, e sulle orribili condizioni dei centri di detenzione per migranti, gli stessi dove vengono riportate le persone che sono intercettate dalla guardia costiera libica, addestrata e supportata dalle autorità europee e italiane. Purtroppo appare evidente come ormai l'unica prospettiva concreta a cui quasi tutta la politica italiana sembra guardare è il contenimento a ogni costo dei flussi migratori da perseguire soprattutto attraverso il blocco delle persone in Libia e una rafforzata attività di contrasto alle organizzazioni criminali. Con poche riflessioni e nessuna proposta concreta di intervento sulle condizioni nei paesi di origine e in Libia, e soprattutto sulle motivazioni e sulle sorti di chi è costretto a pagare uno scafista per attraversare il Mediterraneo mettendo a rischio la propria vita e quella dei propri cari.»

È passato più di un anno da quando la cosiddetta «guerra alle ong» ha finito per modificare, impoverendoli, gli assetti di soccorso nel Mediterraneo. Ma purtroppo dalla Libia si continua a partire, nel Mediterraneo si continua a morire, l'Europa continua a girarsi dall'altra parte e le navi dei soccorsi non bastano. E la missione umanitaria viene prima di tutto. Ecco perché, dopo l'*annus horribilis* delle ong che ha inevitabilmente portato anche a una sensibile diminuzione delle donazioni per il disorientamento provocato da un continuo sparare addosso alle organizzazioni umanitarie, Msf e le altre organizzazioni umanitarie ripensano il loro impegno senza però desistere.

«Pensiamo che resti nostro dovere – spiega Bertotto – provare a fermare le morti in mare e avvertire le istituzioni competenti delle inaccettabili conseguenze umanitarie provocate dall'assenza di alternative legali e sicure per raggiungere l'Europa. È indiscutibile: la presenza in mare di Msf e delle altre ong è il risultato del fallimento dell'Europa e dei suoi stati membri nel gestire in maniera efficace e umana i flussi migratori. Ripetiamo da tempo che quel tipo di operazioni di ricerca e soccorso lungo la rotta del Mediterraneo centrale non dovrebbero esistere, semplicemente perché non dovrebbero essere implementate politiche che costringono migliaia di persone ogni settimana a mettere a rischio la loro vita attraversando quel tratto di mare. Ma se siamo nel Mediterraneo è perché ogni due ore muore una persona e come organizzazione medico-sanitaria non possiamo far finta di non vedere. Il salvataggio delle vite in mare deve ritornare a essere una responsabilità concreta innanzitutto delle istituzioni governative. Per questa ragione è sempre più ingiustificabile l'assenza di una *Mare nostrum* europea.»

Nel frattempo le navi umanitarie saranno ancora lì, ad avvistare gommoni, e i volontari saranno pronti ad afferrare saldamente le migliaia di mani che ogni giorno nel Mediterraneo si tendono verso di loro in una disperata richiesta di aiuto.

Gli angeli della guardia costiera

Diecimila profughi

Canale di Sicilia, 28 agosto 2016, ore 5.40.

Dal cielo, dal mare, da terra, decine di segnalazioni di mercantili, navi militari, pescherecci arrivavano alla sala operativa del Comando generale delle capitanerie di porto a Roma. «Avvistati barconi a nord della Libia», «avvistati gommoni tra Malta e Lampedusa», «avvistati barchini tra la Tunisia e Pantelleria», tutti carichi di disperati che fuggivano dai loro paesi: poco meno di diecimila esseri umani che rischiavano di annegare durante la traversata dalle coste africane verso l'Europa, l'Italia, Lampedusa. Tutti stipati in quelle carrette, tutti a rischio di annegamento perché il mare non era dei migliori e le onde li facevano saltare come i grilli che passano da un filo d'erba all'altro. Sembrava lo sbarco degli alleati in Normandia durante la Seconda guerra mondiale.

Per la guardia costiera italiana il 28 agosto 2016 è stato uno dei giorni più terribili da affrontare nell'intera storia delle emigrazioni di questi ultimi decenni.

Uno specchio di mare largo migliaia di chilometri popolatosi improvvisamente di «obiettivi» partiti dalla Libia, dall'Egitto, dall'Algeria, dalla Tunisia, tutti diretti verso l'Italia, contemporaneamente, come se dietro ci fosse stata una precisa regia da parte dei trafficanti di esseri umani.

«Ero responsabile dell'Ufficio operazioni della guardia costiera italiana – racconta Giovanni Pettorino – e quel giorno, che non dimenticherò mai, fu un incubo. Come fare? Che fare? Abbiamo agito così come facevamo ogni giorno ormai da tanti anni, cercando di salvare il numero più alto possibile di vite umane tra le poco meno di 10.000 persone sparse in un tratto di mare infinito. Si trattava di intervenire in cinquanta luoghi diversi, lontani gli uni dagli altri. Tutti barconi e gommoni in pericolo: di perdersi, di affondare, di morire annegati, perché quasi nessuno a bordo sapeva nuotare. Ma anche se avessero saputo nuotare, come si sarebbero salvati?» In quella infernale giornata, oltre settemila donne, bambini e uomini sono stati salvati.

Giovanni Pettorino, sessantadue anni, ammiraglio, oggi è comandante generale delle Capitanerie di porto italiane. Nato a Roma ma ischitano d'origine, con nonni e zii marinai, fu lui a coordinare quella massiccia missione di soccorso, un'operazione impossibile che non si era mai verificata nella storia dei soccorsi in mare, in nessuna parte del mondo.

«Chiedevano tutti aiuto – ricorda Pettorino – ma noi non avevamo cinquanta unità di soccorso, motovedette o altre unità che potessero intervenire contemporaneamente per soccorrere quelle cinquanta imbarcazioni che si trovavano in luoghi diversi. Avevamo solo una manciata di motovedette della guardia costiera. Era una missione quasi impossibile ma dovevamo intervenire, perché quello era ed è il nostro compito, il nostro mestiere: salvare vite umane, di qualunque colore e nazionalità. È la legge del mare, la legge della solidarietà; la guardia costiera lo ha fatto e lo farà ancora.» Per quasi due giorni i soccorsi non si fermarono mai. «In quelle terrificanti ore, le nostre poche motovedette facevano avanti e indietro, caricavano e scaricavano, li prelevavano da quelle imbarcazioni, dal mare dove stavano annegando. Non si fermarono mai, nel tentativo di limitare il più possibile le perdite umane, ma purtroppo non sempre era possibile, soprattutto in casi come quelli...»

Tutti i mezzi presenti in mare furono allertati: le navi della guardia costiera *Dattilo*, *Cigala Fulgosi*, *Sfinge*, *Fasan*, la nave *Astral* della ong di Open Arms, le motovedette delle capitanerie di Lampedusa, Trapani e di ogni porto disponibile, e ancora mercantili e pescherecci. Tutte le imbarcazioni presenti in quel tratto di mare furono mobilitate e dirottate verso i gommoni dei profughi che rischiavano di affondare.

Ironia della sorte, a quel tempo il dispositivo di intervento si chiamava operazione *Mare sicuro*, ma di sicuro quel giorno non c'era nulla: c'era soltanto una corsa contro il tempo di quella sparuta pattuglia di motovedette della guardia costiera per trarre in salvo il maggior numero di persone. L'ultimo soccorso portato a termine fu quello di un barchino con sette persone a bordo davanti alle coste siciliane effettuato dalla motovedetta *CP849* della guardia costiera di Trapani. Negli ultimi venticinque anni, la guardia costiera ha soccorso e salvato un milione di esseri umani; e, non a caso, alla fine del 2016 è stata nominata ambasciatrice dell'Unicef.

Naturalmente Giovanni Pettorino – che ha avuto dei predecessori come Felicio Angrisano che hanno contribuito a forgiare questo piccolissimo esercito di marinai – è orgoglioso del corpo che adesso comanda: poco meno di diecimila uomini sparsi sulle coste e nei porti italiani, grandi e piccoli perché, come le stazioni dei carabinieri, sono ovunque. In quasi tutti i borghi marinai c'è sempre la guardia costiera, con le sue piccole «delegazioni» che hanno occhi e orecchie per sorvegliare, proteggere e soccorrere tutti: gommoni, mercantili, barche, pescherecci e anche le «carrette» dei trafficanti di esseri umani.

La guardia costiera oggi

«Le capitanerie di porto – spiega Pettorino – sono un'organizzazione militare flessibile al servizio di tutti gli usi civili del mare: innanzitutto l'attività di ricerca e soccorso in mare, la sicurezza della navigazione, la tutela dell'ambiente marino, la tutela delle risorse ittiche e le attività amministrative, tutte al servizio di chi per mare ci va per lavoro o per trascorrere il proprio tempo libero. Un'organizzazione piccola, ma che ha dimostrato di saper rispondere a tutte le grandi emergenze che sono accadute sui nostri mari in questi ultimi anni, come quella del soccorso ai migranti, oltre 600.000 negli ultimi quattro anni (dal 2013 al 2017), quasi una città come Genova. La guardia costiera non opera solo nelle acque di responsabilità Sar del nostro paese, che sono già 500.000 chilometri quadrati, ma anche in altre acque, in altri mari di fronte alle coste africane, una zona pari a 600.000 chilometri quadrati. Il totale fa circa 1.100.000 chilometri quadrati, cioè la metà del Mediterraneo: l'intero Mediterraneo ha un'area di circa due milioni e mezzo di chilometri quadrati. Su questo mare si affacciano ventitré Stati ma tutto questo è a carico di un solo paese. Alla grande emergenza in corso l'Italia ha risposto in tutte le sue articolazioni, segnando alcuni momenti molto importanti. Do qualche cifra che sintetizza: la nostra marina militare, in una sola missione che è quella di *Mare nostrum*, ha soccorso in un anno, tra ottobre del 2013 e ottobre 2014, poco meno di 90.000 persone. Mai nella storia una marina da guerra, da sola e in una sola missione, aveva soccorso tante vite. Ma il nostro paese ha segnato altre cose importanti negli ultimi quattro anni: il Centro nazionale di soccorso della guardia costiera ha gestito oltre quattromila operazioni soccorrendo circa 600.000 persone e in questa grande operazione ha dovuto anche impiegare, in assenza di unità militari e della guardia costiera, le navi mercantili.»

Già, le navi mercantili turche, norvegesi, italiane, cinesi, russe – che, come le ong, la guardia costiera, la marina militare, la guardia di finanza, hanno agito come se fossero delle navi fantasma operando con gravi perdite economiche, per avere cambiato rotta, per essere state dirottate verso porti diversi da quelli verso cui erano dirette – hanno salvato migliaia e migliaia di esseri umani. E con grandi rischi, perché quei giganti del mare, quelli alti come grandi palazzoni, con pochi uomini d'equipaggio, non sono attrezzati per i soccorsi, non hanno a disposizione coperte, medicinali per quelle centinaia di persone che recuperano in mezzo alle acque. Le paratie di quelle navi sono difficili da scalare e i loro movimenti sono lenti e spesso pericolosi, non hanno l'agilità di motovedette e gommoni, e i salvataggi sono spesso a rischio di vite umane. Nonostante tutto, i mercantili hanno svolto un ruolo importante nei soccorsi salvando e portando a terra migliaia e migliaia di disperati.

Nel solo 2014 la centrale operativa della guardia costiera ha dirottato 900 mercantili, e 250 di questi hanno salvato 80.000 persone. «Ecco, anche questi sono numeri che nessun centro di soccorso, nella storia dell'uomo, ha mai raggiunto. Quando si parla di "esodo epocale" se ne parla a ragion veduta, perché l'esodo narrato nella Bibbia coinvolse 40.000 persone» chiosa Pettorino.

Ma oltre alle difficoltà fisiologiche delle operazioni di soccorso, soprattutto quando si tratta di grandi numeri e di rischi elevati, la guardia costiera italiana deve affrontare anche dei problemi «politici», come quello dei rapporti di «coordinamento» e di «collaborazione» con Malta e la Libia, che a volte sono complicati. E molto spesso è accaduto, purtroppo, che mentre barconi e gommoni rischiavano di affondare c'erano interminabili comunicazioni tra Malta e l'Italia per decidere chi e dove doveva intervenire. Un balletto vergognoso, mentre in mare la gente rischiava di morire. Ma alla fine l'Italia ha sempre ceduto, perché Malta non ne vuole sapere di accogliere extracomunitari in fuga (il che è anche comprensibile, trattandosi di una nazione di appena 400.000 abitanti) e, del resto, neanche quei disperati in fuga dai propri paesi vogliono andare su quell'isola, perché rischierebbero di rimanere anche per anni nei cosiddetti centri di accoglienza. Di fatto, Malta ha una competenza in mare più ampia di quella italiana, ma alla fine è sempre la nostra guardia costiera che deve intervenire in quel tratto di acque.

Ancora più complicata la situazione di coordinamento e di «collaborazione» con i libici, in virtù degli accordi tra l'Italia e il governo di al-Sarraj; per tentare di bloccare l'esodo dalle coste libiche verso quelle italiane, il nostro governo ha donato alla Libia anche delle motovedette *made in Italy*, ma gli interventi di soccorso da parte della Libia spesso provocano dei morti. Alcune riprese effettuate dalle navi umanitarie hanno mostrato come le motovedette libiche intercettino barconi e gommoni vicino al loro mare per riportarli indietro nei «centri di accoglienza» nazionali, veri e propri lager dove i profughi ritornano a morire. Ed è un problema che la guardia costiera italiana non ha modo di controllare, perché la Libia è «padrona» del suo mare e nessuno può intervenire dentro le loro acque territoriali. E qui c'è l'altro anello debole della catena. Perché la Libia considera unilateralmente di propria competenza acque che sono internazionali e, inoltre, non ha mai dichiarato la propria zona Sar, pretendendo di intervenire dove e come crede assumendo il controllo di operazioni di soccorso che non è in grado di portare a termine. Non solo, di fatto queste operazioni si risolvono con una nuova «cattura» di migranti da parte di presunto personale militare che – come hanno dimostrato le recenti indagini della cellula congiunta di inquirenti italolibica – è spesso complice dei trafficanti, in un paese dove l'odore dei soldi e la corruzione sono l'unica legge riconosciuta da tutti.

Dovere e coscienza

«Attualmente – spiega Pettorino – stiamo collaborando a un progetto internazionale per la costituzione di una guardia costiera libica. Visto che molti soccorsi avvengono in prossimità delle coste libiche, è importante che ci siano una capacità operativa, una centrale di soccorso, un'organizzazione che possano intervenire quando emergenze e rischi per la perdita di vite avvengono nelle loro acque. Allora il grande problema è la stabilizzazione di tutta l'area libica, una stabilizzazione che non può che partire dall'organizzazione delle istituzioni e quindi anche di un centro di soccorso. E la risoluzione di questo grande problema non può che avvenire a terra: a mare si interviene sulla malattia, per salvarli. Un vero processo per affrontare questa grande emergenza, che ormai coinvolge non solo il continente africano ma tutta l'Europa, deve partire da dove nasce il fenomeno, cioè dall'Africa. Bisogna quindi pensare che una stabilizzazione politica ed economica di quel paese è il primo rimedio, il primo obiettivo, il primo gol da segnare. I movimenti di persone da un paese all'altro ci sono sempre stati. Anche noi siamo stati degli immigrati e questo ce lo dobbiamo ricordare sempre. Nella mia famiglia, i miei nonni, i miei zii sono emigrati in America, e in tante famiglie esistono storie analoghe. Il tema è che queste emigrazioni non devono avere più un connotato di tragicità come quello che sta segnando questo fenomeno in questi anni. I fenomeni di immigrazione ed emigrazione sono sempre esistiti ma qua ci lasciamo i morti e questo non può lasciare indifferenti.»

Come non possono lasciare indifferenti quei «respingimenti» che pure in passato le motovedette italiane sono state costrette a eseguire per ordine superiore. Le convenzioni internazionali attuali non consentono i «respingimenti», perché – spiega il comandante generale delle Capitanerie di porto – «ci sono i diritti dei rifugiati, dei richiedenti asilo che vanno garantiti e, per parte nostra, di tutti quelli che abbiamo soccorso, nessuno è stato riportato in Libia». E proprio questa indole umanitaria della guardia costiera italiana ha provocato spesso accuse ai nostri marinai: «Ne abbiamo subite di tutti i colori, sostenendo che li andavamo a prendere fin sotto le coste libiche. Ma la risposta è che noi svolgiamo attività di soccorso perché le convenzioni internazionali e la legge del mare lo prevedono. E se qualcuno ci attacca, non ce ne vantiamo. Io penso che salvare una vita per un uomo dello Stato, per un uomo qualunque, fa parte del suo stesso essere. A chi ci rimproverava il fatto che andassimo a prenderli fin sotto le loro coste (alla fine la stessa contestazione che poi è stata mossa alle ong) rispondo che, se non fossimo intervenuti, centinaia e centinaia di persone sarebbero morte. Noi interveniamo perché ce lo dicono la legge del mare e la nostra coscienza».

La stessa coscienza del comandante di sommergibili Salvatore Todaro che, durante la Seconda guerra mondiale, silurava le navi nemiche ma poi, rischiando moltissimo, riemergeva per soccorrere i superstiti. E ne salvò centinaia, accogliendoli a bordo oppure imbarcandoli in scialuppe di salvataggio, trainandoli fino al porto o alla costa più vicina. Erano americani, inglesi, francesi ma per il comandante Todaro la guerra era una cosa, il soccorso era un'altra cosa. E per questo fu punito: gli tolsero il comando dei sommergibili e gli affidarono il comando di un peschereccio armato. È come se uno fosse comandante di una nave e gli affidassero poi la guida di un gommone. «Quello del soccorso a mare è un obbligo anche giuridico e noi abbiamo sempre operato con le nostre coscienze. Sapere che ci sono persone in mare, centinaia, migliaia, tra le quali donne e bambini, non può che portare riflessione, amarezza magari per non essere riusciti a salvarli tutti. E questo è un segno che c'è tanta sofferenza e un uomo non può che partecipare alla sofferenza degli altri.»

Per la guardia costiera italiana, le navi messe in mare dalle ong negli ultimi due anni non sono mai state un problema, anzi. Non sono mai state rilevate «omissioni» o azioni «illegali». Conclude Pettorino: «Quello delle ong è un fenomeno che si è incrementato negli ultimi anni e noi, come Centro nazionale di soccorso, siamo tenuti a chiamare e a fare intervenire nelle operazioni di salvataggio tutte le unità che si trovano in prossimità delle imbarcazioni in pericolo. La presenza di queste ong nell'area ha fatto sì che spesso le abbiamo chiamate e sono intervenute sotto il nostro coordinamento. Le polemiche sorte su presunte eventuali collusioni tra loro e i trafficanti hanno indotto il governo a intervenire con un codice di condotta che è stato conferito a queste unità e permane sempre e comunque a carico del Centro nazionale di soccorso l'obbligo giuridico di chiamare a soccorrere l'imbarcazione che è più prossima a quella in pericolo. Mentre un mercantile è restio a intervenire per paura, perché ha timore di non poter soccorrere in sicurezza, le ong hanno di fatto dato un grosso contributo nelle operazioni di salvataggio. Loro sono in zona e si propongono e, fino a ora, non si sono mai sottratte al soccorso, anzi… La maggioranza delle ong batte bandiera di uno Stato straniero e noi non possiamo ordinare loro di allontanarsi da quelle aree».

Il ponte verso la libertà

Il ponte verso la libertà

Luca e Francesco. Oggi in Niger, nella loro nuova «casa» provvisoria, li chiamano così, a simboleggiare il desiderio che diventino come noi, italiani a tutti gli effetti. Luca e Francesco, ovviamente, non sono italiani. Vengono dall'Eritrea, sono due fratelli di dieci e dodici anni e aspettano solo una cosa: poter riabbracciare quella mamma che, nel buio di una notte maledetta, su una spiaggia libica, hanno pensato di aver perso per sempre. Una tragedia nella tragedia che li ha fatti improvvisamente diventare uomini, tutto d'un colpo.

È questa la prima cosa che ha impressionato gli operatori dell'Unhcr quando per la prima volta si sono trovati di fronte questi due bambini. «Non lo dimenticherò mai» dice Carlotta Sami, portavoce dell'Alto commissariato per i rifugiati delle Nazioni unite, che di minori non accompagnati in viaggio dal deserto africano verso le coste dell'Europa ne ha visti tanti. «Camminavano dritti dritti con il loro piccolo zaino sulle spalle, incurvati, con le movenze di uomini fatti in corpi da bambini. Non una lacrima, non uno sguardo smarrito. Ed erano in viaggio da più di un anno. Incredibile come vicende strazianti come queste possano anche somaticamente far cambiare le persone.»

Quando hanno avuto la forza di raccontare la loro storia, nelle casette gialle del villaggio dell'Unhcr in Niger (qui da novembre stanno cominciando ad arrivare le prime centinaia di rifugiati finalmente liberati dalle prigioni libiche e rilasciati dalle autorità su richiesta dell'Unhcr proprio in virtù della loro particolare vulnerabilità), Luca e Francesco sono diventati le mascotte di questa piccola comunità che conta soprattutto donne e bambini.

Li hanno divisi dalla loro mamma sulla spiaggia al momento di imbarcarsi su quel tanto atteso gommone che, dopo un viaggio durato un anno, avrebbe dovuto portarli in Italia. Trafficanti senza scrupoli e senza cuore che, contando uno a uno i migranti da far salire sull'imbarcazione in procinto di prendere il largo, a un certo punto hanno teso un braccio e detto «stop». E poco importa se da una parte di quel braccio – armato, naturalmente – c'era una giovane mamma eritrea e dall'altra i suoi due piccoli bambini. Lei, l'ultima a salire, implorava che la lasciassero rimanere a terra, era pronta a rinunciare al viaggio pur di restare insieme ai suoi figli, i primi tra coloro che erano bloccati in spiaggia, che urlavano disperati: «Mamma! Mamma, non ci lasciare!». Niente da fare. Pochi minuti dopo, la mamma prendeva il largo nella notte a bordo del gommone e i due bambini furono ripresi dai trafficanti e sbattuti in un centro di detenzione alla periferia di Tripoli. Senza una parola, senza un perché, senza pietà e, soprattutto, senza una speranza. Condannati a diventare uomini subito, a tirarsi fuori dagli impicci da soli, rassegnati a subire privazioni e violenze.

Così li hanno trovati gli operatori dell'Unhcr quando, a dicembre, hanno finalmente ottenuto il permesso di entrare in quel centro di detenzione. Quei due piccoli eritrei – i volti emaciati, gli occhi spenti, i corpicini ridotti a due scheletri – sono entrati immediatamente nel novero delle persone in condizioni di estrema fragilità da tirare immediatamente fuori da quel carcere. E così è stato. La mattina dopo, senza neanche questa volta sapere perché e cosa li avrebbe attesi, i due bambini erano fuori dal centro di detenzione, a bordo di un pullman e poi, per la prima volta, di un aereo. Un mezzo che forse non avevano mai neanche sognato di poter prendere. Il ponte verso la libertà. Una libertà la cui prima tappa si chiama Niger, il paese più povero ma con il cuore più grande del mondo, un esempio di solidarietà e accoglienza per centinaia di migliaia di persone in fuga dai paesi confinanti distrutti da guerre e violenze di ogni genere.

Tanto insperata e inattesa questa libertà che quando, per la prima volta, giunti al villaggio di casette gialle dove hanno trovato ospitalità, hanno visto arrivare un interprete eritreo che aiutava gli operatori dell'Unhcr nella comunicazione con i profughi, il più grande dei due fratellini si è messo ritto in piedi a proteggere il più piccolo, ha tirato su la testa, ha alzato lo sguardo fiero verso di lui e ha detto: «Siete dell'esercito, siete dei servizi militari, ci volete riportare in Eritrea, vero?». Solo dopo, quando gli è stato spiegato il senso di quella pettorina azzurra dell'Unhcr che tutti i volontari del campo indossavano, il bambino si è rasserenato e ha cominciato a raccontare la loro storia.

«Papà è stato portato via dai militari e non è più tornato a casa. Non lo vediamo da tanto tempo. Un giorno la mamma ci ha detto che dovevamo partire per un lungo viaggio e che poi lui ci avrebbe raggiunti. Ci ha solo detto di preparare lo zaino e siamo saliti su un autocarro. Non so che strade abbiamo fatto, sicuramente abbiamo attraversato il deserto. Avevamo fame e sete, ci davano solo una bottiglietta d'acqua al giorno per tutti e tre. Quando siamo arrivati ci hanno chiuso in un capannone, c'erano tantissime altre persone, tanti bambini come noi. Mamma ci diceva di stare zitti, se no ci avrebbero picchiato. Poi una sera ci hanno fatto salire in una macchina e ci hanno portato sulla spiaggia dove partiva la barca. Eravamo in fila, la mamma davanti e noi due dietro. Solo che quando mamma è passata un uomo ci ha bloccato, ha detto "stop", che non doveva passare più nessuno. Noi abbiamo gridato, la mamma gridava, si è buttata per terra, ci tendeva la mano, voleva tornare indietro ma l'hanno spinta su di forza e non l'abbiamo più vista. Poi ci hanno riportato in quel capannone. Per questo siamo soli, non sappiamo più niente di lei né di papà.»

Soli, per fortuna, Luca e Francesco – come Alessandra Morelli di Unhcr, che lavora con passione e abnegazione a questo progetto pilota dei corridoi umanitari che conta di tirare fuori dalle prigioni libiche migliaia di rifugiati nel 2018 – non ci rimarranno molto. Le indicazioni da loro fornite sulla loro identità e sulla loro provenienza, la capacità (sorprendente per l'età e per lo stress a cui sono stati sottoposti) di ricostruire luogo e data di partenza di quel gommone a bordo del quale era stata costretta a salire la loro mamma, hanno consentito all'Unhcr di attivare la potentissima rete di uffici e relazioni in tutta Europa e di ritrovare la giovane donna eritrea. Arrivata sana e salva in Svezia dove, appena possibile, i due bambini andranno a raggiungerla.

«La felicità – racconta Alessandra Morelli – è quella che abbiamo visto esplodere nei loro sorrisi, quella che ha riacceso i loro occhi, che ha spezzato di commozione le loro parole quando per la prima volta al telefono li abbiamo fatti parlare con la mamma. Luca e Francesco non credevano che l'avrebbero mai più vista, non osavano sperare in questo miracolo che per fortuna ci è riuscito. Le procedure per il loro ricongiungimento sono già state attivate e appena possibile partiranno anche loro per la Svezia, su un aereo e in tutta sicurezza. La tragedia della migrazione è anche questa:

migliaia di famiglie spezzate, distrutte, divise per sempre, madri, padri, figli che non sanno se i loro congiunti sono vivi o morti e tantomeno sono in grado di ritrovarsi. Per questo, ogni volta che riusciamo a riunire delle famiglie, quell'abbraccio nel momento dell'incontro vale per noi più di qualsiasi sacrificio.»

Oumoh e Zenabou

Qualche migliaio di chilometri più lontano, dall'altra parte del Mediterraneo, in una sala riservata dell'aeroporto Falcone e Borsellino di Palermo avviene un altro miracolo.

Oumoh è immobile, la testolina affondata nel seno della mamma. Zenabou la avvolge in un abbraccio infinito, le lacrime irrefrenabili che vanno a bagnare la guancia della sua bambina ritrovata. Minuti lunghissimi, l'emozione che contagia tutti coloro che, in rispettoso silenzio, fanno da cornice a un'immagine che difficilmente dimenticheranno: la piccola migrante arrivata da sola su un gommone a Lampedusa che ritrova la madre dopo cinque mesi. Nella sala vip dell'aeroporto è una mattina di festa: per una volta una storia di migrazione a lieto fine, la solidarietà, il coraggio, l'abnegazione che hanno la meglio sul dolore, sulla violenza, sulla burocrazia.

Il coraggio è quello di Zenabou Carami, trentun anni, la giovane donna ivoriana che ha salvato la sua piccola Oumoh dal terribile rito dell'infibulazione e ha sfidato le leggi, le tradizioni, ma soprattutto l'ira e la violenza della sua famiglia e del marito, che hanno continuato a tempestarla di messaggi di morte e di vendetta. La solidarietà e l'abnegazione sono quelle degli operatori della polizia, delle comunità di Palermo e Lampedusa che hanno accolto e seguito la piccola

Oumoh dal giorno del suo arrivo nell'isola fino a oggi e che adesso continueranno a seguire mamma e figlia. Insieme inizieranno una vita nuova nel capoluogo siciliano, dove Oumoh nel frattempo ha cominciato a imparare l'italiano, ad andare all'asilo, a stringere le prime amicizie.

«Grazie a tutti, grazie Italia – dice Zenabou. – Avrei fatto qualsiasi cosa per ritrovare la mia bambina. È un miracolo. Sono fuggita appena ho potuto per salvare mia figlia. Dopo avere raggiunto con lei la Tunisia l'ho affidata a una amica di mia sorella e sono tornata indietro a prendere soldi e documenti, ma quando sono rientrata a Tunisi e non ho più trovato mia figlia mi è caduto il mondo addosso. Si era imbarcata per l'Italia con quella donna. Non sapevo che fine avesse fatto. Speravo che fosse viva. Allora anch'io ho cercato il primo gommone in partenza per l'Italia e sono partita. La barca si è rotta subito e io, che non so nuotare, pregavo: "Dio, non farmi morire. Devo andare da Oumoh". Per fortuna sono riuscita a scendere sulla spiaggia e a tornare indietro. E quando, alcuni giorni dopo, mi è arrivata la telefonata dall'Italia che mi diceva che mia figlia era viva non riuscivo a crederci. Per quattro mesi ho aspettato che mi rilasciassero il passaporto. Parlavo con Oumoh via Skype e la rassicuravo: "Aspettami, mamma sta arrivando", ma il documento non arrivava mai e io ero pronta a mettermi di nuovo nelle mani dei trafficanti. Ma ce l'abbiamo fatta e ora voglio solo ricominciare con lei.»

Sono folli storie di ordinaria burocrazia quelle dei ricongiungimenti familiari dei piccoli migranti non accompagnati, che sembrano impossibili anche quando la perseveranza degli operatori e in qualche caso anche la fortuna riesce a ritrovare madri, padri, sorelle, fratelli dei bambini che arrivano da soli. Passano mesi e mesi per un documento, per una comparazione di Dna, per un'autorizzazione del tribunale, per chiudere una pratica ai servizi sociali.

Mesi e mesi che provocano ulteriori danni gravissimi al già minato equilibrio psicologico di piccoli e grandi già provati da violenze, prigionie, separazioni.

Oumoh aspettava la sua mamma a Palermo per Natale. Ma Zenabou era bloccata a Tunisi in attesa che l'ambasciata della Costa d'Avorio, il suo paese d'origine, le fornisse un passaporto con il quale poter prendere un aereo e arrivare in Italia. In quattro mesi, Oumoh, affidata dal tribunale dei minori di Palermo a una comunità, si è affezionata agli educatori, ha imparato l'italiano, ha cominciato ad andare a scuola e a fare amicizia con altri bambini. E piano piano quell'emozione che era evidente nei primi colloqui via Skype con la madre è andata affievolendosi.

«Ormai – racconta un'operatrice che la segue – era sempre più difficile farla parlare con la mamma, la bambina tendeva a scappare via, a rifiutare il colloquio e non chiedeva mai di lei. A quest'età, in quattro mesi, ha fatto tante di quelle esperienze nuove da sopraffare le sue vecchie esperienze ma alla fine, quando ha potuto riabbracciare la mamma, è come se il tempo da quando si sono lasciate non fosse mai passato.»

L'orfanotrofio del mare

Ma ci sono pure bambini, e devono dirsi anche fortunati, che non dimenticheranno mai. L'acqua sarà, forse per sempre, il loro terrore. Non avevano mai visto nessun bambino gridare e piangere in quel modo gli operatori della comunità che, dopo averli accolti con tutto il calore di cui erano capaci, con le lacrime agli occhi hanno provato a ripulire e rivestire quei tre bimbetti sporchi, infreddoliti e impauriti che continuavano a tenersi stretti l'uno con l'altra. Due gemellini dai capelli ricci e profondi occhi blu e, tra di loro, un «salsicciotto» che neanche stava in piedi. «Non volevano lavarsi, appena hanno sentito il primo contatto con l'acqua hanno cominciato a urlare. Chissà cosa dicevano, nessuno di noi riesce a capire una parola della loro lingua, abbiamo solo potuto immaginare che cosa significasse per loro l'acqua.» L'acqua che meno di ventiquattr'ore prima li aveva inghiottiti nel mare profondo tra Malta e Lampedusa.

Come ce l'abbiano fatta a salvarsi questi tre fratellini siriani che hanno commosso chiunque ha avuto la ventura di trovarseli davanti forse non si capirà mai davvero. A riconsegnarli alla vita è stata la catena umana degli altri sopravvissuti di quel terribile naufragio, che li ha tenuti a galla fino a quando la nave *Libra* della marina militare non li ha tratti in salvo.

Che quei tre bambini soli fossero fratelli è apparso subito evidente: gemellini i due più grandi, un maschietto e una femminuccia di due anni e mezzo o forse tre, e dieci mesi il piccolino, riccio e cicciottello, letteralmente covato come un pulcino dagli altri due trasformatisi in un attimo nei suoi «genitori». Quelli veri, con tutta probabilità, si pensò in quel momento, sono finiti in fondo al mare o in una delle trentotto bare divise tra Italia e Malta dopo quel maledetto 11 ottobre in mezzo al canale di Sicilia.

Yara e Joseph, i due gemellini siriani, per alcune settimane sono stati creduti orfani. Chi abbia detto che questi erano i loro nomi non si sa, forse altri profughi che sulla *Libra* sono riusciti a raccogliere qualche parola tra i singhiozzi. Ma nella comunità di Menfi dove li hanno portati, quello che dopo il loro arrivo è stato ribattezzato «l'orfanotrofio del mare», se li chiami così non rispondono. Il piccolo, invece, ha un nome tutto nuovo e sicilianissimo: Salvatore, il nome del marinaio che per primo lo ha tirato su dal mare.

Yara è diventata «mamma» a bordo della *Libra*.

«Non si è allontanata mai dai suoi fratelli, neanche per un momento – racconta il comandante della nave Katia Pellegrino, – nessuno poteva avvicinarli o toccarli. Era come un gattino che protegge i suoi micini appena nati, li teneva stretti per la mano, li abbracciava e con quegli occhioni blu, che in quel momento sembravano canne di una pistola, allontanava chiunque volesse parlare con loro, confortarli, anche solo prenderli in braccio.»

Chi fossero, da dove venissero, se avessero o meno familiari in Italia o in Europa, in quel momento sembrava impossibile ricostruirlo. Nessuno cercava questi tre bimbi che, insieme ad altri piccoli sopravvissuti dell'ultimo naufragio, avevano ritrovato un minimo di tranquillità nella casa famiglia dove li avevano mandati. La prima notte avevano dormito tutti e tre insieme su un divano, impossibile dividerli. E quando Salvatore si era messo improvvisamente a piangere, Yara lo aveva abbracciato, se lo era messo sulle gambe e lo aveva cullato cantandogli una nenia e dandogli colpetti sul sederino fino a quando non aveva preso sonno. Poi anche Joseph aveva cominciato a piagnucolare e lei gli aveva preso la mano, si erano abbracciati e addormentati insieme. Nessuno aveva osato muoverli per portarli nelle loro brandine. «Era la prima volta che dormivano così profondamente» racconta la pediatra del centro.

I «segni» della tragedia sono tutti lì: in quel faccino circondato da una cascata di riccioli castani, in quegli occhioni blu che non perdono mai di vista i fratelli, in quelle due ferite sotto il mento che – secondo la pediatra – sono ferite di guerra, segni di una scheggia di bomba. Chissà da dove scappavano, Yara, Joseph, Salvatore e i loro genitori: ammesso che siano in grado di raccontarlo a qualcuno. Per ora, l'unica cosa che si capisce è quando, molto spesso, invocano: «*Mam*».

È Joseph a farlo quasi continuamente. Un corpicino esile affogato in una tuta bianca e blu, fra i tre è quello che mostra più di tutti la sua sofferenza. Piange, cerca la mano di un adulto, sembra distrarsi solo dietro il cancello bianco che lo separa da tre cagnolini. Lui li guarda, dice loro qualcosa in arabo e i cani sembrano capirlo, quasi che parlino la sua stessa lingua, perché si avvicinano infilando i loro musi dentro l'inferriata per permettere a Salvatore di toccarli. Poi lui fa «*bau, bau*» e sorride. È l'unico sorriso della giornata.

Come molti profughi siriani, questi tre bimbi forse appartenevano a un ceto medio alto. Sicuramente sanno maneggiare un iPhone, sono incuriositi, si avvicinano al display e con il ditino provano a sfogliare l'album fotografico. Si vedono ritratti, sorridono. Chissà, forse cercano lì dentro i fotogrammi di una vita che ormai non appartiene più a loro.

Bambini senza nome

«Amud, Amud, vieni.» Sta seduto per terra a gambe incrociate Amud (si chiamerà veramente così?) mentre una dolce signora che potrebbe essere sua nonna gli tende la mano in una cucina pervasa dal buon profumo del pranzo. Ma le nocche della manina di Amud sono strette attorno alla macchinetta rossa che gli hanno regalato appena ha messo piede a terra e i suoi occhi, neri e profondi come non dovrebbero mai essere quelli di un bambino così piccolo, guardano fissi un punto nel vuoto davanti a lui. Chissà cosa «guarda» Amud o forse chissà quali sconvolgenti immagini «vede» questo bimbo siriano fuggito con la sua famiglia dalle bombe nel suo paese e sopravvissuto all'ultimo terribile naufragio nel canale di Sicilia.

Lo ha salvato quella incredibile catena umana di profughi che l'11 ottobre 2013, tra Malta e Lampedusa, è riuscita a rimanere a galla affidando poi nelle mani dei soccorritori quanti più bimbi possibile. Erano tanti, troppi a bordo di quel barcone prima preso a colpi di mitra dalle motovedette libiche e poi capovoltosi nel tentativo di attirare l'attenzione di un aereo maltese che lo sorvolava. In sei, tutti piccolissimi, sono rimasti vivi, ma soli. Almeno per il momento. L'orfanotrofio del mare è una candida villetta a due piani all'ingresso di Menfi, nella valle del Belice. Un bel prato verde, due palme, un patio con tutti i giochi che entusiasmano i bambini, scivoli, casette di plastica, giostrine, una grande tv con i cartoni animati. Ma niente sembra riuscire, anche solo per qualche minuto, a restituire alla loro infanzia questi bambini che non sembrano più tali. Bimbi senza più mamma e papà, senza famiglia, senza amore e persino senza nome. Perché nessuno sa da dove vengono, con chi erano, come si chiamano e quanti anni hanno. I più piccoli, come Salvatore che non ha neanche un anno, ovviamente non parlano, ma gli altri (dai due anni e mezzo ai sette anni) sarebbero in grado di dire questo (e probabilmente molto altro) se solo ad aiutare gli operatori dell'Istituto Walden di Menfi ci fosse un mediatore culturale.

«Per ora l'unica cosa che abbiamo capito – raccontano – è che per dire no dicono "*laa*". Poi comunicano a gesti e ogni tanto ripetono qualche parola che gli diciamo: cane e biscotti. E poi invocano la mamma. Quando piangono o durante la notte, gridano: "*Mam, maam…*".»

«Le prime notti dovevano avere incubi continui – spiega Michele, il responsabile della comunità – e non riuscivano a dormire, piangevano continuamente, avevano sussulti. Li abbiamo lasciati tutti insieme, i tre fratellini e gli altri tre bambini, abbiamo capito che si sentivano più sicuri.»

Parlano tra di loro Yara, Joseph, Amud e Karim, i quattro più grandi. E però tendono continuamente le manine. Alle ragazze della casa che si prendono cura di loro, ma anche a chi, come noi, è andato a trovarli. Tendono la manina per camminare insieme, per condurti da una parte o dall'altra. Lo fanno con quegli occhi così tristi e impauriti che è davvero difficile reggere il loro sguardo e provare a scaldarli con un sorriso. Perché tanto al sorriso non rispondono. Proprio non ci riescono. Cercano il contatto fisico continuamente. Persino Kitty, diciotto mesi, che trova pace solo in braccio alle ragazze che la cullano giorno e notte, con il visino appoggiato sul seno. «Appena proviamo a metterla giù piange in modo straziante.» L'hanno chiamata così per quella collanina con il ciondolino di Hello Kitty che porta al collo. Un particolare che potrebbe salvarle la vita una seconda volta. Perché Kitty, forse, i genitori ce li ha ancora. Potrebbe essere lei la «Maram» di diciassette mesi che da cinque giorni a Malta una giovane mamma cerca disperatamente.

Aisha, venticinque anni, libanese sposata con un siriano, ne è sicura: «Mia figlia deve essere viva. Quando mi hanno tirato su da quella zattera, Maram era in braccio a me e stava bene. Me l'ha tolta dalle braccia uno dei soccorritori. Aiutatemi a trovarla». Al centro di accoglienza di La Valletta, Maram non c'è. Ma nella confusione dei soccorsi potrebbe essere finita nelle mani di uno dei marinai della nave *Libra* e da lì essere sbarcata a Porto Empedocle. Se fosse così, quella collanina di Hello Kitty potrebbe essere il filo per ricongiungerla ai suoi genitori. Karim, sette anni, il più grande dei bimbi dell'orfanotrofio del mare è l'unico che parla. Alla dipendente di una cantina vinicola di Menfi di origine siriana dice: «Mio padre era su un'altra barca. Verrà a prendermi». Disegna la bandiera siriana e scrive un numero. Potrebbe essere un numero di telefono? Chissà.

Ricongiungimenti difficili, ostacolati dalla lingua, dalla distanza e dalla burocrazia ma ai quali lavorano le forze dell'ordine e il personale dell'Unhcr e di diverse ong. Perché adesso Kitty, Salvatore, Yara, Joseph, Amud e Karim sono sotto la giurisdizione del tribunale dei minori e qualsiasi loro movimento deve passare da lì. Per loro come per tutti gli altri minori non accompagnati che ogni giorno sbarcano sulle coste siciliane. Un numero esorbitante: 65.000 negli ultimi tre anni. Per lo più si tratta di adolescenti, tra gli undici e i diciassette anni, ragazzini che finiscono per scomparire nel nulla. Due su tre, dopo qualche settimana in comunità escono e non tornano più.

Salgono su un treno con destinazione ignota o, peggio ancora, finiscono nelle mani di organizzazioni criminali che li contattano e che talvolta chiedono persino riscatti alle famiglie rimaste nei paesi di provenienza. E nessuno qui li cerca più. Un problema in meno per lo Stato che non ha più i soldi per pagare le convenzioni con le case famiglia. Gli affidi e le adozioni dei più piccoli (che in questi giorni in tanti chiedono) difficilmente riescono ad andare in porto. Troppe pastoie burocratiche trasformano questi bambini in piccoli fantasmi di cui presto nessuno si ricorderà più.

Nel frattempo, a Malta

Ma per i sei piccoli superstiti del naufragio nel canale di Sicilia dell'11 ottobre 2013 il destino dice altro.

Un lancio di agenzia della France-Presse da Malta è il disperato grido di aiuto di una giovane donna che, appena sbarcata dalla motovedetta che l'ha salvata, cerca sua figlia. «Dov'è Maram? Vi prego ridatemela, sono sicura che è viva. Era in braccio a me e stava bene quando ci hanno tirato su dalla zattera, un ufficiale me l'ha portata via dalle braccia.» La lettura di quel lancio di agenzia ci fa balzare il cuore in gola, perché l'istinto ci dice che Maram è la più piccola dei sei bimbi dell'orfanotrofio del mare.

L'età presunta della bimba ricciolina che vediamo a Menfi coincide, nessuno sa come si chiama. Per tutti è Kitty. Urla e piange tutto il giorno come gli altri cinque bambini che dividono il suo destino. Ma sono davvero orfani, questi bambini? O i loro genitori possono essere vivi e a Malta? Dare una risposta a questo interrogativo diventa un obbligo, umano più che professionale. I primi giorni tentiamo con le forze dell'ordine, con le associazioni umanitarie, tutti dicono che stanno lavorando alle verifiche ma non succede nulla. A Malta il papà di Maram posta su Facebook una foto sua con la bimba. È l'elemento decisivo. Torniamo a Menfi a confrontare quella foto con la piccola Kitty ma c'è qualcosa di più. Karim vede quella foto, la indica e dice: «Maram». Non può essere una coincidenza, Karim la riconosce e la chiama così. Sono passate due settimane dal naufragio e da Unhcr, Croce rossa, Oim, polizia nessun passo avanti. È ora di andare a Malta.

Il centro di accoglienza di La Valletta è aperto. Quando arriviamo, Aisha non c'è. Lasciamo il numero di telefono, spieghiamo perché la cerchiamo e due ore dopo accade l'impensabile. In albergo arrivano in sei, sono genitori che cercano i loro figli. Tirano fuori fotografie, passaporti con le foto dei figli. Ci vengono le lacrime agli occhi, perché i bimbi che cercano sono quelli che abbiamo tenuto in braccio il giorno prima a Menfi. Mostriamo loro le foto dei piccoli che giocano: sono momenti di grande commozione, lacrime, abbracci, finalmente un sorriso. È lunedì 28 ottobre 2013, sono passati diciassette giorni dal naufragio e nessuno ha mai ascoltato queste persone, visto i loro documenti, effettuato i prelievi del Dna. Alla procura dei minori quei documenti li mandiamo noi. Quei sei bambini non sono orfani, tutti hanno almeno un genitore. Facciamo quello che altri avrebbero dovuto e potuto fare in ventiquattr'ore: incrociare genitori e figli. Pubblichiamo nomi, foto e storie e il giorno dopo si svegliano tutti. Non dopo aver mostrato un ridicolo disappunto per quanto è stato fatto dal giornale. La polizia e l'Oim bussano a Menfi per prelevare il Dna dei bambini, il giorno dopo prendono quello dei genitori a Malta. In tre giorni la comparazione conferma e siamo ancora noi a comunicare ai genitori l'esito positivo. L'ambasciata italiana prepara i documenti, il tribunale dei minori dispone il ricongiungimento. Nessuno dei sei bambini di Menfi, per fortuna, è orfano: Yara, Youssef e Yassam, i due gemellini e il loro fratellino di dieci mesi, divenuti simbolo di questa tragedia, hanno entrambi i genitori. Ed entrambi i genitori ha anche la piccola Maram, diciotto mesi appena. È stato suo padre, Kazem, a salvare tutti gli altri bambini e a metterli sulla zattera lanciata loro da un elicottero e dalla quale sono stati poi prelevati dai marinai della nave militare italiana *Libra*. Ritroveranno invece solo il papà Amud e Karim. Le loro mamme sono morte entrambe insieme ai loro fratellini e adesso i loro padri non aspettano altro che ritrovare quel che resta delle loro famiglie distrutte.

«Karim.» È un filo di voce, strozzata dall'emozione, quella che lo chiama ma la testolina bionda si volta di scatto. L'asso di spade che sta per calare sul tavolo nella decima partita a scopa del pomeriggio gli cade di mano e Karim vola, in scivolata, tra le braccia di suo padre che lo stringe in ginocchio mentre i singhiozzi gli scuotono il petto. Nella stanza accanto Najat si rotola letteralmente per terra abbracciata a Yara e Youssef, i gemellini, mentre suo marito Ahmad, un gigante di un metro e ottanta, stritola di baci il piccolo Yassam di dieci mesi. Piangono, ridono, e le loro emozioni contagiano tutti: piange l'ispettore Maria Volpe e tutti gli uomini della divisione anticrimine della questura di Agrigento, piangono gli operatori dell'Istituto Walden che consegnano quei bimbi che hanno curato e coccolato per venticinque giorni come se fossero stati i loro, piangono i responsabili della Omnia Academy che da oggi in poi si prenderanno cura di quelle famiglie ricostituite. Piange anche il sindaco di Sant'Angelo Muxaro, il paese dei genitori di Angelino Alfano, cinquecento anime arroccate su una collina a trenta chilometri da Agrigento, che ha aperto le sue case alle famiglie dei sei piccoli superstiti del naufragio dell'11 ottobre nel canale di Sicilia. Si erano convinti che i loro figli fossero morti, invece erano stati salvati dagli uomini della nave *Libra* della marina militare e poi portati a Porto Empedocle mentre loro, a bordo di una motovedetta maltese, finivano a La Valletta. Mancano due mamme, quelle di Karim (sette anni) e quella di Amud (due anni e mezzo). Forse sono tra i corpi recuperati in mare o forse sono ancora incastrate nel relitto di quel peschereccio affondato in mezzo al canale di Sicilia il 3 ottobre, insieme ad altri due dei loro bambini. Un attimo prima dell'arrivo dei genitori, sbarcati a Catania da un aereo partito da Malta, grazie all'ambasciata italiana a La Valletta, i sei bambini vengono divisi. In una stanza quelli che avrebbero rivisto mamma e papà, nell'altra quelli che avevano solo il padre ad aspettarli. È un bene che sia così, perché l'incontenibile felicità delle due coppie di genitori, il sorriso stupito e poi le urla di quei piccoli che si ritrovano improvvisamente di nuovo con mamma e papà avrebbe fatto a pugni con la commossa tristezza dell'abbraccio tra Karim, Amud e i loro papà distrutti dal dolore, che ancora non si rassegnano all'idea che le mogli e gli altri figli siano rimasti in fondo al mare. Per i piccoli sopravvissuti, è un pomeriggio di stupore che pian piano si tramuta in felicità incontenibile. Solo Karim, il più grande di loro, era stato preparato all'incontro. «C'è una sorpresa, arriva papà» gli aveva sussurrato all'orecchio il mediatore culturale siriano mentre, nella sala del municipio di Sant'Angelo Muxaro, giocava insieme ai bambini della scuola elementare arrivati per dare il benvenuto ai nuovi amici. Si era voltato, con il visino serio e aveva chiesto: «Anche la mamma?». «Viene papà a prenderti.» E lui, sempre più serio: «È una promessa...». Poi si era rimesso a giocare a carte, la sua passione: «Spade, denari, bastoni, coppe». In venticinque giorni ne ha imparate di parole italiane, Karim. Gli altri, Yara, Youssef, Amud, sembravano non capire, nessuna emozione traspariva da quei visi sempre tristi, mentre il mediatore culturale pronunciava per la prima volta le parole che, dal naufragio, nessuno aveva mai più osato dire davanti a loro: mamma e papà. Ma quando, tra la piccola folla di poliziotti, carabinieri e operatori delle associazioni, si sono fatti strada i veli di due giovani donne con un sorriso enorme, anche i piccoli Yassam e Maram, dieci e diciotto mesi, li hanno riconosciuti subito. Braccine tese, baci, faccini stretti al petto, lacrime e occhi finalmente tornati a brillare. Poi tutti nelle nuove case, nel paese fondato da Mushar, un condottiero arabo. Sui letti, ad attenderli per la prima notte finalmente insieme, pigiamini nuovi di zecca e tantissimi peluche.

Quel giorno, quando al municipio di Sant'Angelo Muxaro quei genitori pazzi di felicità riabbracciano i loro bimbi perduti, nelle nuove foto di famiglia ci siamo anche noi. «*We are a family*» ci dicono mettendoci in braccio i loro bambini e abbracciandoci per la posa. Ed è la soddisfazione più bella.

La prima volta su un aereo

Un volo per l'Italia

«La cosa più difficile è stata spiegare loro che erano libere. Non riuscivano a crederci.» Fairoz, Zabib, Bsirat e Sanboto non erano mai salite a bordo di un aereo e dopo più di due anni passati tra il viaggio lungo il deserto e la detenzione nelle carceri libiche non avrebbero mai immaginato che alla fine, in Europa, ci sarebbero arrivate così: in aereo, e senza pagare alcun biglietto. Chissà che cos'hanno pensato quando, la sera del 22 dicembre 2017, dopo essere state tirate fuori all'improvviso dalla prigione di Tripoli, sono state fatte salire in fretta e furia su un C-130 dell'aeronautica militare italiana. Forse che le stavano riportando in Eritrea, il paese dal quale erano fuggite due o tre anni prima, a seconda dei casi, per sottrarsi alla leva obbligatoria per le donne. Sanboto, la più grande di loro, ha lasciato ai genitori le sue due bambine, che ora aspetta ardentemente di poter rivedere.

Da Tripoli all'aeroporto militare di Pratica di Mare: Italia, Europa, salvezza, futuro. Mazzi di fiori e palloncini per i primi 162 migranti, già con un permesso di rifugiato pronto per loro, arrivati in Italia grazie al primo corridoio umanitario dalla Libia. Un momento storico, concretizzatosi grazie all'impegno del Viminale e alla collaborazione del governo libico che ha accettato, negli ultimi mesi, di far entrare nei centri di detenzione (almeno quelli ufficiali) gli uomini e le donne di Unhcr e Oim, con il delicatissimo compito di individuare i casi di particolare vulnerabilità e urgenza e di ottenerne l'immediata liberazione e l'evacuazione dalla Libia. Verso l'Italia, quando possibile (finora è successo due volte con 310 persone portate in salvo), oppure verso il Niger, che ha subito aperto le porte dando disponibilità a ospitare anche questi profughi in attesa della loro *relocation* in Europa.

È stato così che, alla vigilia di Natale del 2017, le quattro ragazze eritree – diciott'anni la più piccola, ventinove la più grande – si sono ritrovate in un appartamentino messo loro a disposizione dal progetto Sprar (Sistema di protezione per richiedenti asilo e rifugiati) di Chianche, piccolo centro in provincia di Avellino, un luogo gestito dalla Caritas che partecipa al progetto di accoglienza dei rifugiati sbarcati in Italia con i primi due corridoi umanitari diretti dalla Libia. E hanno ricevuto il più bel regalo che avrebbero mai potuto avere: un telefono per chiamare i loro cari.

«Non li sentivano da anni, a casa le famiglie non sapevano neanche se le ragazze fossero vive o morte» racconta commosso Francesco Giangregorio, responsabile della Caritas di Benevento. «Quando sono arrivate da noi erano spaventate e incredule, hanno passato due anni in Libia in diverse prigioni dopo essere state arrestate e hanno subito violenze e vissuto in condizioni igienico-sanitarie devastanti. E, appunto, quando alla vigilia di Natale sono arrivate qui la cosa più difficile è stata convincerle che erano finalmente libere.»

A Chianche le quattro ragazze si sono messe subito al lavoro: scuola di italiano, corsi di formazione, il loro contributo alla vita della piccola comunità in attesa di un progetto chiaro per il loro futuro. Chi ha intenzione di raggiungere amici e familiari nel Nord Europa, chi attende di potersi ricongiungere a marito e figli. Comunque con un permesso da rifugiato in tasca.

Una rotta di migrazione legale

È la via legale all'immigrazione, quella della quale da anni tutti parlano ma che solo da alcuni mesi sta trovando il suo seppur timido avvio. Si chiamano corridoi umanitari e, da novembre a oggi, grazie allo straordinario lavoro di Unhcr e Oim, ha portato in salvo dalla Libia circa 1500 persone. Quelle più fragili e vulnerabili individuate dalle organizzazioni per i rifugiati in condizioni di particolare drammaticità, e dunque soprattutto bambini, donne, disabili. Evacuati, per usare un termine tecnico, verso l'Italia ma soprattutto verso il Niger, il paese africano diventato simbolo della nuova accoglienza. È da lì che l'Unhcr, in attesa che i paesi europei comunichino le loro disponibilità a farsi carico di «quote» di questi rifugiati, conta di poter portare in salvo entro il 2018 e redistribuire almeno 15.000 persone, dando continuità alla prassi dei corridoi umanitari che, insieme ai rimpatri volontari assistiti (che solo nel 2017 hanno permesso di far ritornare in patria circa 20.000 persone che non avrebbero avuto diritto a entrare in Europa), sono l'unico elemento di speranza per alleggerire la popolazione dei centri di detenzione libici. Una goccia nel mare, ma una goccia importantissima.

Una rotta, questa volta, di migrazione legale che ha il suo snodo principale in un piccolo paese africano al quale il mondo deve dire grazie, il Niger. È il paese più povero del mondo. Anzi lo era, perché dal 2018 è risalito al penultimo posto dopo che la Repubblica Centrafricana le ha soffiato «il primato». Eppure il Niger è il paese che è diventato la Mecca di migliaia e migliaia di disperati che, per poter raggiungere l'Europa, si riversano in quella regione che pure non ha uno sbocco al mare, stretta com'è tra Algeria e Libia al nord, Ciad a est, Nigeria e Benin a sud, Burkina Faso e Mali a ovest. Il Niger, paradossalmente, è il paese più accogliente del mondo. Niente muri, niente barriere, niente frontiere controllate. Chi riesce ad arrivare in Niger (moltissimi purtroppo muoiono per strada durante le traversate nel deserto e vittime di banditi di ogni genere) nutre la speranza di raggiungere la Libia per poi tentare di arrivare in Europa. Ma qui arrivano, da diverse direttrici, anche centinaia di migliaia di migranti sulla rotta sud-nord e a tutti viene garantita accoglienza. Lo spiega bene Alessandra Morelli dell'Unhcr, che da mesi lavora alle evacuazioni dalla Libia verso il Niger: «Credo che i numeri parlino meglio di ogni altra cosa. Qui ci sono 55.000 rifugiati che arrivano dal Mali, 108.000 in fuga da Boko Haram da varie regioni, 130.000 sfollati interni, a cui devono aggiungersi quelli del flusso tra Agadez e i confini della Libia e ora quelli di ritorno dalla Libia. Questo è il Niger oggi, uno dei paesi più poveri del mondo che fa della solidarietà un progetto politico. Confina con paesi permanentemente in guerra, sono soggetti a shock climatici importanti, hanno enormi carenze di acqua e cibo. Eppure ha deciso che la solidarietà fa parte del programma politico del governo presidenziale, il primo democratico dopo la dittatura».

Donne, bambini, moltissimi minori non accompagnati in fuga dall'Etiopia e dall'Eritrea e dalle dittature militari che prevedono il servizio militare obbligatorio anche per i bambini, portati gratuitamente dai passeur fino a un certo punto e poi naturalmente anche loro vittime di rapimenti, prigionia e riscatti chiesti alle famiglie, vengono ospitati nelle cosiddette «case di passaggio», una sorta di piccolo villaggio affittato dall'Unhcr in attesa della costruzione di un grande centro di transito che potrebbe finalmente rendere strutturale l'identificazione dei richiedenti asilo, con il disbrigo delle domande per il riconoscimento dello status di rifugiato in Niger prima della *relocation* nei diversi paesi europei.

La Francia, che in Niger ha una consistente presenza militare, ha già un'organizzazione strutturata in questa direzione. Dai primi giorni del 2018 ha inviato a Niamey una squadra di funzionari dell'Ofpra, l'ufficio per la protezione dei rifugiati e degli apolidi, per esaminare sul posto le richieste d'asilo di persone che sono state evacuate dalla Libia. Giuseppe Lo Prete, capo missione dell'Oim in Nigeria, spiega quanto l'iniziativa francese sia molto importante, perché significa assicurare la protezione internazionale ai rifugiati a partire dalla Libia, anche se via Niger. Ecco come funziona questo «ponte»: l'Unhcr preidentifica nei campi libici a cui ha accesso le persone che hanno potenzialmente diritto alla protezione internazionale, poi le trasferisce in Niger con voli di evacuazione e lì iniziano le selezioni, che sono lunghe e meticolose. «È l'Oim in coordinamento con l'Unhcr e con il paese che accetta i rifugiati: facciamo le interviste, organizziamo la logistica, compriamo i biglietti, facciamo ai rifugiati una formazione iniziale sul paese che li accoglierà e sulle regole di convivenza.»

L'Italia non è al momento tra i paesi coinvolti nei reinsediamenti dal Niger. «Per ora no, ma ci auguriamo che possa accadere in futuro. Abbiamo bisogno che le oltre mille persone evacuate dalla Libia in Niger siano al più presto reinsediate in paesi sicuri e definitivi» spiega Carlotta Sami, portavoce dell'Alto commissariato delle Nazioni unite per i rifugiati, che rilancia l'appello della collega Alessandra Morelli. «Il ponte aereo è un elemento di speranza concreta.

Chiediamo ai paesi europei di donare quote per consentire a un numero sempre maggiore di rifugiati di essere ricollocati e poter cominciare una nuova vita in Europa.»

C'è però il rischio che questi rifugiati, se le procedure non verranno snellite e se i paesi che dovrebbero ospitarli non metteranno in pratica le loro «intenzioni» di accoglierli, debbano restare in Niger anche per anni. E sarebbe una situazione che questo povero e ospitale paese africano non può certamente gestire se non sarà aiutato. L'Unhcr ha calcolato che ogni anno circa 300.000 persone attraversano il paese.

La vergogna italiana

E non sono certo tutte rose e fiori perché in Niger, sulla direttrice opposta, c'è la più grande «stazione» di passeur, i grandi trasportatori di disperati che, naturalmente dietro compenso, caricano sui loro camion migliaia di persone per trasferirle in Libia o in Algeria. È il più grande business di questo paese poverissimo, che però accoglie tutti. Ma dove? In migliaia di ghetti, garage, case fatiscenti fatte solo di fango con porte di lamiere, calde d'estate e freddissime durante le notti rigide. Ammassati come bestie, in quaranta, in cinquanta, in attesa di poter raggiungere le spiagge libiche. Un viaggio lungo 750 chilometri, da Agadez al confine, che dura dai tre ai cinque giorni, se tutto va bene. Viaggi che spesso hanno registrato centinaia di morti «di terra», trovati in mezzo al deserto, abbandonati dai trafficanti senza scrupoli alla minima difficoltà che incontrano durante il trasferimento. Da qualche anno le cose sono cambiate. Il nuovo governo, almeno ufficialmente, ha dichiarato guerra ai passeur, e i trasportatori di disperati sono diventati dei fuorilegge, vengono ritenuti criminali e se scoperti vengono arrestati, processati e condannati fino a cinque anni di reclusione. Una condanna che certo non fa troppo da deterrente, perché il business è estremamente allettante. E la corruzione devastante ai piani medioalti della politica e della burocrazia ha dato un grosso aiuto a questo business, trasferendo i ghetti dalle grandi città di Agadez o Niamey nelle periferie, ad alcune decine di chilometri dai centri abitati, lontano dalle attenzioni dei (pochi) mass media internazionali che si interessano a questa vicenda. E quindi il «traffico» continua.

A contrastarlo, adesso, ci sono anche i soldati italiani e l'ambasciata italiana aperta con lo scopo di aiutare le autorità nigerine oltre che, ovviamente, di contrastare il fenomeno dei trafficanti di esseri umani e di controllare i flussi migratori; ma si tratta di una decisione unidirezionale, perché il governo del Niger, non interpellato, si è molto irritato per l'invio di militari italiani nel paese. La missione, secondo le previsioni, costerà oltre 30 milioni di euro l'anno, e non viene condivisa da chi sin dall'aprile del 2011 lavora come missionario della Sma (Società delle missioni africane) proprio in Niger: padre Mauro Armanino.

Dottore in antropologia culturale ed etnologia, originario di Chiavari dove è nato nel 1952, prima di essere ordinato prete missionario, è stato operaio e sindacalista della Flm a Casarza Ligure. Don Mauro ha girato le aree critiche di mezzo mondo, dal Sud America all'Africa. Da sette anni è in Niger e utilizza il suo blog, molto seguito, per criticare senza mezze misure la decisione italiana di inviare i soldati per contrastare il fenomeno migratorio:

> Confesso che sento vergogna a passeggiare sulle strade di Niamey. Proverò vergogna a parlare del mio paese di origine, quello che ho lasciato con una certa irregolarità in questi ultimi

venticinque anni. La Costa d'Avorio, la Liberia della guerra civile e il Niger da sette anni. In mezzo a tutto ciò l'Argentina e il centro storico di Genova, ecco la fortuna che mi ha accompagnato in tutti questi anni fino a oggi. La fortuna di guardare il mondo dal Sud che poi è un altro mondo, un mondo che apre gli occhi sulla realtà che ci avviluppa. È solamente dal punto di vista dei poveri che si può scoprire la verità delle cose e della storia. Vivere a sud di Lampedusa, l'isola diventata il simbolo della frontiera tra l'Italia e l'Africa, mi ha insegnato tante cose. Una di queste è la scoperta che la frontiera dell'Italia mi ha seguito: si trova nel Niger, ad Agadez. Questa città, un tempo crocevia di carovane, si è trasformata in un fortino di difesa del movimento migratorio verso l'Algeria, la Libia e... l'Italia. Avrò vergogna, venendo da un paese che all'articolo 11 della Carta costituzionale «ripudia la guerra come strumento di offesa alla libertà degli altri popoli e come mezzo di risoluzione delle controversie», per il prossimo tradimento di questo principio che dovrebbe guidare l'etica delle relazioni internazionali dell'Italia. D'altra parte non sarebbe la prima volta, siamo già recidivi! Basterebbe ricordare l'invasione della Libia, della Somalia, dell'Etiopia e la creazione dell'Eritrea. In questi paesi sono stati perpetrati dei massacri, sia durante il Regno che durante il ventennio fascista di Mussolini. Un caso per tutti è il massacro di Addis Abeba nel febbraio del 1937. Secondo Ian Campbell, autore di un recente libro sull'argomento, tra il 19 e il 21 febbraio sono state uccise circa ventimila persone. Questo massacro è sempre stato riconosciuto in Etiopia ma dissimulato dal governo britannico alla comunità internazionale. La vergogna che anche il popolo italiano avrebbe dovuto provare è stata per decenni coperta dal diniego dei fatti per la versione di un'Italia «brava gente» durante l'epopea coloniale italiana. Nulla di più lontano dalla realtà. L'autore citato ricorda che la violenza fascista in Etiopia è stata precorritrice della violenza nazista in Europa. Ciò è vero per le tecniche quali i massicci bombardamenti aerei di civili, la guerra chimica e i lanciafiamme, così per le operazioni di controinsurrezione sotto forma di repressioni esemplari come l'esecuzione di ostaggi e l'uso dei campi di concentramento. Non è dunque per caso che l'autore ponga questo titolo al libro citato: *Il massacro di Addis Abeba. Una vergogna italiana*. Certo, il fascismo è stato vinto e così il nazismo tedesco, ma non i ricordi dei fatti che ancora permangono. Chi non impara dagli errori (e orrori) della storia è destinato a ripeterli nel tempo.

Avrò vergogna davanti ai poveri, ai migranti che incontro dal mio arrivo a Niamey, alla Chiesa del Niger, ai contadini e agli amici della società civile coi quali lavoriamo per scoprire la dignità nascosta nella sabbia della politica del paese. Avrò vergogna di passare davanti alla nuova ambasciata del mio paese di origine, perché le missioni di pace sono condotte da militari, con mezzi e armi. Chi scrive ha scelto di arrivare in questo paese con le mani nude e col desiderio di camminare assieme a questo popolo che non dovrebbe essere tradito una volta di più. Sappiamo quanto contino gli interessi legati alla mobilità delle persone e in specie il piano di ritagliarsi un posto nella geopolitica del Sahel. Ciò l'ha bene ricordato il presidente della Repubblica italiana nel presentare l'invio del contingente militare. L'Africa è al cuore dei nostri interessi strategici. Strategie militari e colonialismo sono dei sinonimi. Ecco quanto una persona mi ha scritto: «Rimpiango tutto ciò e ho vergogna di essere italiana...». Sapevo bene che non sarei stato il solo.

Padre Mauro Armanino,
Niamey (Niger), 30 dicembre 2017

Ringraziamenti

Grazie a Medici senza frontiere, a Loris De Filippi, Gabriele Eminente, Marco Bertotto, Francesca Mapelli, Giorgia Linardi che ci hanno consentito di accedere alle storie più drammatiche custodite nei loro database e ci hanno dato uno straordinario contributo di analisi.

Grazie all'Unhcr, a Carlotta Sami, Barbara Molinari, Alessandra Morelli, Marco Rotunno per il loro prezioso aiuto nel racconto del lavoro che stanno svolgendo in Africa per migliorare le condizioni dei richiedenti asilo, per liberare i più fragili dai centri di detenzione, per incrementare i corridoi umanitari.

Grazie a Flavio Di Giacomo dell'Oim, a tutte le ong, Proactiva Open Arms, Sos Méditerranée, Sea-Watch, Save the Children.

Grazie a Don Mussie Zerai e Giuppa Cassarà per le loro testimonianze.

E grazie alla guardia costiera italiana, all'ammiraglio Giovanni Pettorino e all'ammiraglio Felicio Angrisano per averci consentito una puntuale ricostruzione dell'impareggiabile contributo nel salvataggio di vite umane.

Senza di loro questo libro non avrebbe mai visto la luce.

Finito di stampare
nel maggio 2018 presso
Grafica Veneta - via Malcanton 2, Trebaseleghe (PD)